Determinadas a brilhar

MULHERES QUE INSPIRAM E TRANSFORMAM

EDITORA
CHAVE MESTRA®

EDITORA
CHAVE MESTRA®

Av. Marcos Penteado de Ulhoa Rodrigues, 1119 – Tamboré, Barueri-SP
Ed. Office Shopping Tamboré – Andar 21 – Sala Chave Mestra
CEP: 06460-040
@editorachavemestra
editora@editorachavemestra.com.br
Acesse: www.editorachavemestra.com.br

Determinadas a brilhar:
mulheres que inspiram e transformam

Direção editorial: Raquel Medeiros
Coordenação editorial: Bartira Costa Neves
Assistente editorial: Eloiza Andrade e Larissa Robbi Ribeiro
Revisão: Híllona Anjos e Sheila Fabre
Projeto gráfico e diagramação: Daniel Marchesani
Branding de capa: Izzo Medeiros

O conteúdo desta obra é de total responsabilidade dos autores e não reflete necessariamente a opinião da editora.

Dados Internacionais de Catalogação na Publicação (CIP)

Vale, Rogério (Organizador)
V149 Determinadas a brilhar: mulheres que inspiram e transformam / Rogério Vale (org.) – Barueri, SP: Chave Mestra Editora, 2024. 256 p.: 16 x 23 cm

ISBN 978-65-5496-021-2

1. Desenvolvimento pessoal 2. Espiritualidade 3. Vida Cristã 4. Prosperidade. 5. Inteligência espiritual 6. Fé. I. Título.

CDD 158.1

Determinadas a brilhar

MULHERES QUE INSPIRAM
E TRANSFORMAM

Sumário

APRESENTAÇÃO	Ana Paula Geishofer Lyra	6
1	Adriana Souza IDENTIDADE E PROPÓSITO RUMO AO DESENVOLVIMENTO PESSOAL	8
2	Ana Augusta Oldenburg EMPREENDEDORISMO FEMININO, SONHOS E REALIZAÇÕES	16
3	Ana Godoy AUTOCONFIANÇA: ACREDITANDO EM SI MESMA PARA REALIZAR SONHOS	24
4	Ana Paula Geishofer Lyra AUTENTICIDADE RADIANTE: BRILHAR A VERDADEIRA ESSÊNCIA	32
5	Andreza Leite INTELIGÊNCIA EMPREENDEDORA: A CHAVE DO SUCESSO	40
6	Bárbara Malvar PODER PESSOAL *VERSUS* AUTOACEITAÇÃO	48
7	Carolina Horácio Rabelo RESGATANDO A SUA AUTOESTIMA	56
8	Cassia Sperandio GERENCIANDO EMOÇÕES PARA TOMAR DECISÕES SÁBIAS	64
9	Chris Sampaio DESTEMIDA E VISIONÁRIA	72
10	Cristiane Melo INTELIGÊNCIA EMOCIONAL: EQUILIBRANDO EMOÇÕES PARA O SUCESSO	80
11	Debora Martini MEDITAÇÃO E CONTROLE MENTAL NAS MULTITAREFAS	88
12	Emyli Campos O IMPACTO DO RELACIONAMENTO TÓXICO NA SAÚDE MENTAL E BEM-ESTAR	96
13	Franscielle Souza TRANSIÇÃO DE CARREIRA: DESAFIOS E RECOMPENSAS	104
14	Giovana Patriani DA CLT AO EMPREENDEDORISMO: UMA TRAJETÓRIA DE CORAGEM E SUCESSO	112
15	Gisele Calixto Benz EVOLUÇÃO HUMANA ATRAVÉS DA EXPANSÃO DA CONSCIÊNCIA	120

Determinadas a brilhar

MULHERES QUE INSPIRAM E TRANSFORMAM

16 Ieza Uhde
CONEXÕES AUTÊNTICAS: HABILIDADES SOCIAIS PODEROSAS 128

17 Jaqueline Boava
VOANDO ALÉM DOS TRAUMAS, BRILHANDO ALÉM DA DOR 136

18 Jéssica Leal
NENHUM IMPÉRIO VALE A DESTRUIÇÃO DE UMA FAMÍLIA 144

19 Lady Milena Lima
TRAUMAS E TRIUNFOS: SUPERANDO AS ADVERSIDADES 152

20 Larissa Jaine
UM REENCONTRO COM VOCÊ, O RENASCIMENTO DE UMA MULHER 160

21 Michelle Borck
POSICIONAMENTO *PREMIUM* E VENDAS DE ALTO VALOR 168

22 Naty Barreto
COMO DESENVOLVER SUA ORATÓRIA E BRILHAR NOS PALCOS DA VIDA 176

23 Patrícia B. Pimentel Bonazza
OCUPE O SEU LUGAR, PROTAGONIZE A SUA HISTÓRIA 184

24 Patricia Cezario da Silva
RESILIÊNCIA EMOCIONAL: SUPERANDO COM FÉ E DETERMINAÇÃO 192

25 Priscila Iannuzzi
O MOVIMENTO DO SUCESSO: SUA ATITUDE MUDA O JOGO 200

26 Priscila Stefan
MÉTODO IAV – IMAGEM DE ALTO VALOR 208

27 Regiane Ely
CAMINHO DA MULHER DE SUCESSO E DE ALTA PERFORMANCE 216

28 Sandra Magalhães
DESCONSTRUINDO PARA CONSTRUIR 224

29 Selma El Kadre
DESAFIOS E AVENTURAS DE VIVER FORA DO BRASIL 232

30 Soraia Pimentel
AUTOACEITAÇÃO E AMOR-PRÓPRIO, UMA JORNADA PARA SE AMAR 240

31 Tarsia Gonzalez
VANGUARDA FEMININA NOS NEGÓCIOS 248

Apresentacão

Queridas leitoras e leitores,

É com imensa alegria e gratidão que apresento a vocês o livro *Determinadas a brilhar*. Este livro é mais do que uma simples coletânea de histórias; é um farol de inspiração, resiliência e transformação. Meu objetivo, ao compartilhar com vocês essas narrativas, foi mostrar o poder da determinação na vida das autoras e a luz que cada uma delas carrega dentro de si.

A ideia do livro nasceu de uma jornada de autodescoberta e superação. As autoras que se reuniram a mim na composição desta obra foram escolhidas pela editora Chave Mestra em um encontro que foi um verdadeiro presente do acaso. São mulheres extraordinárias, repletas de experiências e sabedoria, que aceitaram o desafio de compartilhar suas jornadas de superação e conquista, e que me inspiram profundamente. Cada uma delas traz uma perspectiva única, e, juntas, formamos um mosaico de histórias que refletem a força e a determinação de brilhar. Independentemente das adversidades, essas vozes merecem ser ouvidas e celebradas.

Cada capítulo deste livro apresenta relatos de mulheres que enfrentaram desafios e triunfaram. São histórias de superação, de reencontro com a própria essência e de descoberta do verdadeiro brilho que habita em cada uma de nós. São relatos que nos lembram de que, independentemente das circunstâncias, temos

Determinadas a brilhar

MULHERES QUE INSPIRAM E TRANSFORMAM

o poder de transformar nossa vida e o mundo ao nosso redor.

Este livro é um convite para que vocês, leitores, se permitam brilhar. É um chamado para que vocês reconheçam sua própria força e abracem sua singularidade. Cada história contada é um testemunho de que, quando nos determinamos a brilhar, não há obstáculo que possa nos deter.

Espero que esta leitura os inspire a buscar a sua própria luz e a compartilhar seu brilho com o mundo. Que este livro seja um companheiro em sua jornada, oferecendo conforto, encorajamento e motivação.

Com carinho e gratidão,

Ana Paula Geishofer Lyra

analyra

Foto: Alesson Neydson

Adriana Souza

Sou Adriana Souza, nordestina, casada há 10 anos, apaixonada pela vida e, no momento da escrita deste livro, estou grávida do primeiro filho.

Sou CEO da Global Pessoas & Negócios, administradora de empresas com especialização em marketing e finanças. Atuo como palestrante, treinadora e mentora empresarial/carreira, ajudando centenas de empresas e profissionais a se organizarem e posicionarem-se no mercado.

Estive como diretora CDL Jovem, vice-presidente da FCDL/RN, conselheira do Sebrae/RN e embaixadora da Rede Mulher de Valor RN, apoiando de forma voluntária diversos movimentos lojistas, empresariais e femininos.

Tenho como propósito pessoal impactar positivamente a vida de pessoas e negócios por onde eu passar.

adrianasouza_global

+55 (84) 99844-4764

Determinadas a brilhar

MULHERES QUE INSPIRAM E TRANSFORMAM

1 IDENTIDADE E PROPÓSITO RUMO AO DESENVOLVIMENTO PESSOAL

Por Adriana Souza

Em um mundo cada vez mais acelerado e repleto de informações, a busca por uma identidade própria e propósito de vida surge como um direcionamento, guiando-nos pelo cotidiano, em direção a um futuro com mais significado. Este capítulo é um convite para embarcar em uma jornada de autoconhecimento e crescimento pessoal, em que, ao final, a expectativa é que você se conecte consigo mesma, independentemente de quem seja, e encontre sentido para sua vida, impulsionando-a a seguir em frente.

A identidade, aquele conjunto de afirmações que nos define, é o alicerce sobre o qual construímos nossa vida. No entanto, em um mundo que frequentemente nos pressiona a nos conformar, a verdadeira autenticidade pode parecer um tesouro escondido aguardando ser descoberto. Aqui, propomos uma exploração profunda do seu eu, um desafio a questionar não apenas quem você é, mas quem você aspira ser.

Junto a isso, o propósito serve como nossa bússola interna, um sentido de direção que nos guia pelos desafios da vida. É a força que nos impulsiona a seguir adiante, mesmo quando o caminho à frente é incerto. Este capítulo oferece ferramentas para iluminar esse caminho, ajudando a definir e a refinar esse senso de identidade e propósito, para que cada passo tomado seja firme e repleto de significado.

Nossa jornada não é apenas sobre descobrir quem somos, mas também sobre moldar quem queremos ser. Por meio de reflexões profundas, exercícios práticos e dicas, este capítulo visa a equipar você com o conhecimento e as habilidades necessárias para construir uma vida alinhada com sua identidade e seus objetivos.

A visão clara é o mapa do tesouro para nossa jornada de desenvolvimento pessoal. Sem ela, podemos nos sentir perdidas, vagando sem direção. Mas com ela, cada desafio se torna uma oportunidade de crescimento e cada falha, uma lição aprendida. Este capítulo se destina a ser farol e inspiração, iluminando o caminho para um futuro com dias mais brilhantes e repletos de propósito para a sua vida.

Convido você, então, a seguir a leitura e dar o primeiro passo nessa jornada transformadora. Juntas, vamos descobrir o poder da identidade definida, do propósito vibrante e da visão clara, enquanto buscamos nosso desenvolvimento pessoal. Que esta leitura seja tão enriquecedora quanto o futuro que nos aguarda.

Um dos principais problemas enfrentados pelas mulheres na definição de seu propósito e identidade reside nas pressões sociais e expectativas de uma sociedade que julga e quer definir quem elas serão. Desde cedo, muitas mulheres são ensinadas a priorizar as necessidades e desejos de outros aos seus, moldando a própria vida com papéis predeterminados como cuidadoras, mães ou parceiras e, muitas vezes, à custa das próprias ambições e desejos pessoais, que ficam adormecidos por uma vida inteira. Essa pressão pode levar a uma desconexão interna, uma vez que a mulher luta para reconhecer a sua voz interior e valor para além desses papéis impostos.

Além disso, a representação ainda limitada de mulheres em posições de liderança tanto no ambiente corporativo quanto em órgãos públicos contribui para a escassez de modelos de identidade e propósito que possam inspirá-las a perseguir as próprias paixões e objetivos. A ausência de representatividade reforça estereótipos e limita a percepção do que é possível, restringindo a visão de futuro das mulheres e sua capacidade de se verem em papéis além dos tradicionalmente femininos.

Todos esses fatores criam um ambiente complexo para as mulheres buscarem uma identidade autêntica e um propósito de vida claro. Romper com essas expectativas e redefinir o próprio caminho exige clareza e coragem. Apresento aqui algumas dicas de como é possível facilitar o caminho nesse processo de autodescoberta de identidade e propósito.

1. **Adquira autoconsciência:** essa jornada começa com o entendimento profundo de si mesma. Práticas como meditação, escrita

reflexiva e terapia podem ser ferramentas poderosas para desvendar camadas de sua identidade, permitindo que você reconheça suas paixões, valores e forças únicas que fazem de você alguém singular e especial.

2. **Eduque-se e capacite-se:** o conhecimento é uma ferramenta de poder. Invista em você, leia livros, faça cursos *on-line*, *workshops* que se alinhem com seus interesses e aspirações. A capacitação abre portas e expande horizontes, permitindo que você desafie normas e crie seu próprio caminho.
3. **Cuide da sua rede de contatos:** esteja perto de pessoas que pensem em impulsionar a própria vida como você, participe de eventos/encontros, tenha amigas, mentoras e busque mulheres em quem você possa se inspirar a ser o que você sonha e as modele.
4. **Estabeleça metas claras e realistas:** faça uma lista de metas que estejam alinhadas com o que você deseja ser e realizar. Lembre-se de celebrar cada uma delas ao alcançar, por menor que pareçam ser.
5. **Pratique a resiliência:** diante dos desafios e do julgamento da sociedade, é comum desistir dos objetivos ou refletir se está no caminho certo. Seja resiliente e continue rumo ao seu propósito de vida.
6. **Seja protagonista da sua história:** assuma o controle da sua vida e dos seus sonhos. Tome as decisões e faça as escolhas que estejam coerentes com a sua essência, não com o que os outros esperam de você. Sua vida é a sua história.
7. **Seja corajosa:** as adversidades serão sempre uma certeza na sua jornada; é preciso que tenha coragem para seguir em busca de ser quem você quer, apesar delas.

A jornada em busca de si mesma não é simples; é repleta de altos e baixos, descobertas e desafios. No entanto, é precisamente nesse processo de autoconhecimento e aceitação que reside o verdadeiro encanto. Ao se permitir explorar quem você é e o que deseja da vida, você não apenas fortalece sua voz interior, mas também se torna um farol de inspiração para outras ao seu redor.

As pessoas podem tentar impor limites, mas o espírito feminino é feroz quando deseja algo. Lembre-se de que cada experiência, de sucesso ou de aprendizado, contribui para a sua história. Encare cada obstáculo como uma oportunidade para aprender e crescer, cada crítica como um convite para realinhar a sua força e cada dúvida como um momento para reencontrar sua direção.

Desde bem pequena, eu soube exatamente o que eu queria ser na vida, nunca me contentei em ser mais uma no meio de tantas outras e, durante a minha jornada, busquei conhecimento, alianças, força e me coloquei em situações nas quais eu poderia explorar o melhor de mim. A Global, minha atual agência, surgiu em virtude de uma grande necessidade de ser protagonista, pois em outros lugares não me permitiram ser. Os desafios sempre estiveram presentes e a vontade irresistível de desistir e ter uma vida mais tranquila, longe do barulho da sociedade, também, mas eu sempre fui resiliente e acreditei que poderia mais.

Sempre realinhei a rota, reescrevi meus planos, redefini o que eu queria e deixei claro quem sou, para que eu não me perca em decorrência de opiniões contrárias ao que eu acredito sobre a vida e minha jornada. Deixo claro para mim, diariamente, que o meu propósito pessoal é impactar positivamente a vida de pessoas e negócios, por onde eu passar.

E assim estou há quinze anos como mentora, treinadora e palestrante empresarial; mudei totalmente o rumo da minha vida e realizei sonhos que pareciam impossíveis. Analisando a minha vida de anos atrás, tornei-me autoridade em órgãos de lideranças e protagonista da minha história. Vale ressaltar que toda essa dedicação profissional e essa ferocidade não me transformaram em uma mulher egoísta e amarga, como a sociedade quer que acreditemos. Tenho um círculo de amigas sensacional e vasto, uma vida social muito ativa, vivo todos os momentos possíveis com minha família, sou casada há 10 anos e estou grávida do meu primeiro filho. O preconceito e os estereótipos só nos atingem se permitirmos. Seja livre para ser o que você quer ser. Construa um espaço para si mesma no qual sua voz seja a mais alta e clara. Cerque-se de uma comunidade de mulheres que apoiam e celebram umas às outras. Juntas, vocês são imparáveis. A solidariedade feminina tem o poder de quebrar barreiras e transformar sociedades. Portanto, você, mulher, que busca sua identidade e propósito de vida, está em uma jornada incrível. Valorize cada passo, cada descoberta sobre si mesma. Permita-se sonhar grande, definir suas próprias regras e, acima de tudo, viver de acordo com elas. Seu valor é único, sua capacidade é ilimitada e seu potencial para criar mudanças significativas, tanto em sua vida quanto no mundo, é imenso. Explore-se!

Nunca duvide do poder que existe em conhecer a si mesma e em viver com propósito. Seja corajosa, seja ousada, seja você! O mundo espera pela sua luz, pela sua contribuição única. Abrace a sua jornada e lembre-se de que, ao buscar sua verdadeira identidade, você não apenas encontrará seu caminho, mas também iluminará o caminho para outras mulheres poderem ser protagonistas.

Eu denomino a ferramenta a seguir de Reconhecimento de identidade atual e projetada. No quadro do meio, escreva o seu nome e um dos sobrenomes e, nos quadros ao redor, escreva afirmações de quem você é e por que quer ser assim. Escreva afirmações que você já pratica e as que você deseja.

Por exemplo:

- Gosto de praticar exercícios.
- Cuido da minha imagem pessoal.
- Sou uma mãe participativa.
- Aprecio tomar um bom vinho.
- Gosto de me divertir com minha família e minhas amigas.

Se estiver iniciando algo agora, afirme que quer ser essa pessoa.

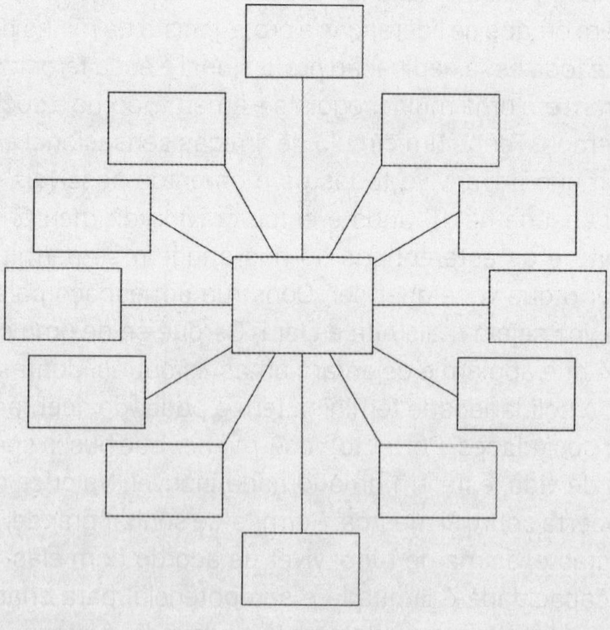

"Na clareza de quem somos, encontramos a coragem para buscar o nosso propósito."

Adriana Souza

Ana Augusta Oldenburg

Sou Ana Augusta Oldenburg, resido em Itajaí (SC) com minha mãe, Ana Chagas, e minha filha adotiva, Bruna. Meu primeiro sonho realizado foi vir morar em Santa Catarina, o segundo, ser mãe e o terceiro, ser empreendedora.

Eu me formei em Magistério e Pedagogia, sou professora há 23 anos e sempre acreditei em uma educação diferente, em que pudesse proporcionar uma infância de verdade para as crianças.

Sou a idealizadora do Jardim dos Sonhos, um espaço para brincar, e de um podcast em que sou apresentadora. Criadora do método S.E.R., por meio do qual ajudo mulheres a realizarem seus sonhos.

Ao aplicar o método S.E.R. na minha vida, consegui superar meus medos e conflitos e me tornei uma conquistadora, realmente determinada a brilhar.

jardimdossonhossc

pod.sonhos

anasonhossc

+55 (47) 99702-2971

Determinadas a brilhar

MULHERES QUE INSPIRAM E TRANSFORMAM

2 EMPREENDEDORISMO FEMININO, SONHOS E REALIZAÇÕES

Por Ana Augusta Oldenburg

Uma incansável sonhadora sabia que viria ao mundo para brilhar. No processo de descoberta, precisei me conectar com o divino e, nesse meio tempo, as coisas não foram tão fáceis. Meu nascimento foi um susto para meus pais, pois, na época, viviam na máxima pobreza: pai alcoólatra e mãe frustrada, já tinham um filho e nunca pensavam em ter outro, mas aquele era meu momento de vir a esse mundo.

Sempre tive uma mente muito criativa, desde muito nova; porém, tentavam me colocar em caixas e moldes aos quais eu não pertencia. Então, me tornaram a "criança-problema" e "burra". Sem entender o significado disso, minha vida consistia em brincar e aproveitar a liberdade de ser criança. Só depois de adulta, entendi por que era incompreendida: tenho TDAH, que só foi diagnosticado nessa fase. No entanto, acredito que quem tem TDAH tem superpoderes e essa sou eu, uma mulher determinada a brilhar.

O tempo passou, cursei o Magistério e fiz Pedagogia, uma profissão incrível, pois oferece a possibilidade de ajudar mentes criativas. Sempre em busca de algo novo, realizei meu primeiro grande sonho: sair do Paraná e morar em Santa Catarina, onde trabalhei nas melhores escolas. Foram 21 anos.

Sempre tive o sonho de empreender, para ter acesso a uma vida melhor. Minha primeira tentativa foi um café que abri com minha mãe, com o dinheiro da venda de sua casa. Intercalava o trabalho no café com as aulas. Não deu certo por vários motivos, ficamos sem dinheiro e com dívidas. Passei por vários momentos ruins, como a separação dos meus pais, a depressão da minha mãe, brigas em família, o fim do meu casamento que durou somente um ano, quase passei fome e falência. Porém, não aceitava essa condição. Nesses momentos, a fé era o que me erguia, recebia o colo de Deus, ia dormir chorando e acordava sorrindo, crendo na possibilidade de dias melhores. Foi nesse período que recebi o melhor presente da minha vida: conheci a Bruna, minha filha adotiva. Ela tinha 6 anos e me fez acreditar novamente no amor e ter forças para continuar.

Com o passar dos anos, cansei da área da Educação e desisti algumas vezes, porém a necessidade me fazia voltar. A última escola onde trabalhei foi um desafio, ela era muito tradicional e, para piorar, veio a pandemia. O pânico bateu. Foi então que surgiu mais uma oportunidade de empreender, comecei a dar aulas particulares nas casas das crianças e na minha, trabalhava dia e noite.

Entrei em exaustão, a depressão estava me pegando, fiquei sem alegria de viver, sem vontade de criar e sem sonhos. Quando entrei de férias, parei para refletir e sabia que precisava voltar a sonhar. Eu conhecia alguns temas relacionados à força do pensamento, já tinha lido o livro *O segredo*, sobre sermos o que pensamos, sabia que alguma coisa precisava mudar. Pedi a Deus com muita fé. Ao voltar, comprei alguns livros de autoajuda e comecei a emanar energia para mudanças. Um dia, uma amiga me pediu um favor e de prontidão a ajudei. Foi nesse exato momento que surgiu a oportunidade que eu precisava, ela falou de uma mentoria gratuita com uma *coaching* e que estava aprendendo muito.

Fiz mentoria com Andriele, uma *coach* do Método Cis. Primeiro aprendizado: ninguém muda a vida de ninguém, somos inteiramente responsáveis pela própria vida e pelos fracassos. Então, a culpa era minha? Precisei entender o significado da palavra "sonho" e olhar para mim, entrei no processo de cura. Havia algum tempo que não me olhava no espelho, me condenava, vivia pelo olhar dos outros, assumindo culpas que não eram minhas. As lágrimas secaram, o sorriso foi embora. Precisei me perguntar várias vezes: "Quando foi que eu me perdi de mim?".

Depois de alguns dias, alguns conceitos já estavam entrando, algumas crenças sendo substituídas. Comecei a acreditar que tinha muito potencial, só não sabia por onde começar. Uma passagem entrou no meu coração: "Eu vim para que todos tenham vida e vida com abundância" (João 10:10). Entendi que precisava assumir a responsabilidade, liberar o perdão e ter fé. Comecei a ouvir o que Deus tinha a me dizer, acordava todas as madrugadas para conversar, agradecer e pedir. Sim, entendi que Deus atende os pedidos mais sinceros do nosso coração.

Era hora da ação. Aprofundei meus conhecimentos em inteligência emocional, eu sabia que para mudar deveria fazer coisas diferentes. Comecei a ler muito, realizei exercícios para mudanças de paradigmas e alinhamento de ideias e propósitos. Os livros tiveram, e ainda têm, o poder de mudar minha vida. No início, era muito difícil, então precisei criar o hábito da leitura, passei a devorar livros. Das minhas leituras, recomendo *O poder do hábito* (Charles Duhigg), *O poder da ação* (Paulo Vieira), *Pense e enriqueça* (Napoleon Hill), *Pense e enriqueça para mulheres* (Napoleon Hill), *A boa sorte* (Álex Rovira Celma) e *A ciência de ficar rico* (Wallace Dwattler).

Um exercício incrível foi o de construir o meu "quadro dos sonhos", colocar através de fotos e imagens os desejos mais lindos do meu coração, sem limites, crendo que era merecedora.

Totalmente alinhada com meus sonhos, chegou a hora de empreender. Passei a orar todas as madrugadas, ativei minha conexão com Deus e passei a fazer pesquisas, saindo totalmente da zona de conforto. Então, tive a ideia de abrir um espaço para as crianças brincarem, resgatarem a verdadeira infância, onde pudessem ser livres para criar.

Em julho 2021, fiz uma colônia de férias no quintal da minha casa, muito simples, e fez sucesso. Confirmação que o sonho era possível. Com o passar do ano, fui alinhando a proposta e me veio o nome "Jardim dos Sonhos". As cores, o logo, tudo perfeito, colocado no papel. O sonho era perfeito, porém precisava de dinheiro e alguém que acreditasse na minha ideia. Foi aí que enfrentei várias frustrações, pois ninguém acreditou, diziam que não ia dar certo, que a vida de professora era ótima. Ninguém apostou na minha ideia. Deus me falava: "Segue firme!".

Três pessoas foram essenciais nessa jornada: Yasmin, que era minha auxiliar na escola e hoje é meu braço direito, meu primo Fabiano e minha mãe, minha parceira de vida. Da minha querida mãe veio o maior ensinamento: "Ninguém vai sonhar seus sonhos". O ano passou muito rápido, trabalhei incansavelmente. O sonho e a determinação me conduziam na certeza de que tudo daria certo, acreditava com todo o desejo do meu coração, olhava o quadro dos sonhos com a certeza de que já tinha dado certo.

Eu me pressionava muito e o que me ajudou foi o exercício físico, em especial, a corrida de rua, que me possibilitou liberar todo estresse e ansiedade. Foco e determinação foram determinantes nessa fase. No meio dessa loucura, ainda venci o desafio de correr 21 km.

O final do ano chegou e ainda não tinha achado o espaço, então Deus entrou em providência. Em novembro, iniciei uma negociação de um imóvel que era impossível. Precisava de 25 mil reais, entre calção, reformas e brinquedos. E, a respeito disso, reproduzo uma frase que sigo na minha vida: "Se você pode sonhar, você pode realizar." (Walter Disney). Como sou filha do Deus do impossível, no dia 20 de novembro estava com as chaves na mão, abrindo o portão do meu Jardim dos Sonhos. Em menos de um mês fizemos as reformas. Para as coisas darem certo, aprendi de tudo um pouco: administração, marketing, compras, vendas, reformas, usar furadeira, cuidar da jardinagem, ser professora e proprietária do Jardim dos Sonhos. Formamos uma equipe familiar, minha mãe na cozinha, minha filha como auxiliar, Yasmim como professora e euzinha a faz-tudo.

A inauguração aconteceu no dia 12 de dezembro de 2021, foi uma festa simples, mas lembro-me com muita emoção a roupa que eu estava usando: uma roupa bem surrada e uma sapatilha com a sola descolando. No entanto, minha alegria era tão exuberante que ninguém nem percebeu, estava incrivelmente linda. No dia 13 de dezembro de 2021, uma segunda-feira, iniciamos com muita empolgação e foi incrível. Os dias foram passando, a colônia foi um sucesso, as indicações foram longe. Tivemos dias com oitenta crianças. Oferecíamos brincadeiras com água, lama, areia, artes, jogos e muita diversão.

Passaram-se três meses da abertura da colônia, as aulas foram retomadas, então veio o primeiro grande ensinamento que havia adquirido com os estudos: guardar dinheiro, pensar nos meses futuros. Ao inaugurar a colônia, havia uma média de oitenta crianças entre manhã e tarde, depois ficamos com apenas nove. O desespero chegou, porém, como havia ganhado um bom dinheiro, consegui manter a colônia nos meses seguintes. A insegurança batia, inúmeras vezes chorava e conversava com Deus, mas me mantive forte e, ao passar dos meses, as crianças foram entrando novamente.

Nosso diferencial são as colônias de férias de julho e dezembro, nas quais oferecemos muita diversão e tranquilidade para as famílias. Novamente trabalhei direto, passei alguns anos sem férias e sem conseguir praticar esporte e tive uma crise de *burnout*. Sem motivação, a tristeza começou a me dominar e antes de me paralisar novamente, eu sabia que precisava de ajuda, fui procurar terapia com a incrível Leni Bizzone. Foi um momento necessário para parar e refletir, para curar as feridas e me sentir merecedora de tudo o que havia conquistado.

Forças renovadas, hora de novos desafios. Então, no segundo semestre de 2023, voltei a empreender: abri uma papelaria dentro do Jardim e nasceu Rabiscos dos Sonhos. Embarquei para São Paulo, para realizar compras de papelaria. Dezembro chegou e comemoramos os dois anos do Jardim dos Sonhos e três anos da colônia de férias. Fizemos uma festa linda só que, dessa vez, eu estava usando a roupa dos meus sonhos. Hoje, somos uma empresa reconhecida na cidade, referência de colônia de férias, um espaço que promove a verdadeira infância e onde as crianças aprendem brincando.

Em janeiro de 2024, iniciei vários projetos, lancei um *podcast* para promover mulheres e está sendo um sucesso. Estou me descobrindo como comunicadora e esse é mais um sonho realizado. Nessa busca incessante por autoconhecimento e sucesso, surgiu o convite para escrever o *Determinadas a brilhar*, uma oportunidade de incentivar outras mulheres e dizer que os sonhos se tornam reais.

Como incrível professora que sou, estou iniciando um novo projeto de mentorias em que ensino o caminho para resgatar os sonhos e a possibilidade de torná-los reais com o método S.E.R. (Sonhos, Estratégias, Realizações). Muitas vezes, a vida nos machuca tanto que nos desconectamos da nossa essência e dos nossos sonhos. Hoje, eu quero ser a pessoa que pega na sua mão e faz você alcançar as suas realizações e ser uma pessoa realizada.

“Empreendedorismo é a arte de transformar sonhos em realidade, com estratégias, persistência e coragem.”

Ana Augusta Oldenburg

Ana Godoy

Sou Ana Godoy, natural de Jundiaí (SP) e resido em Cabreúva (SP) com meu esposo, Lucas, e meus dois filhos, Valentina e Mateus.

Sou psicanalista clínica, especialista em mulheres e casais. Também sou pedagoga e trabalhei em uma instituição privada e outra pública, nas quais pude observar o quanto as famílias, e especialmente as mulheres, estão precisando de ajuda, atualmente, na sociedade em que vivemos.

Venho superando a cada dia meus desafios, enfrentando meus medos, me desenvolvendo e alcançando sonhos que pareceram, muitas vezes, impossíveis. Diante de tudo o que vivi e estou vivendo, decidi ajudar mulheres e casais a superarem também seus desafios e alcançarem uma vida melhor.

anagodoy.psicanalista

+55 (11) 96487-8495

anagodoy.psicanalista@gmail.com

Determinadas a brilhar
MULHERES QUE INSPIRAM E TRANSFORMAM

3 AUTOCONFIANÇA: ACREDITANDO EM SI MESMA PARA REALIZAR SONHOS

Por Ana Godoy

Neste capítulo, vou contar um pouco sobre uma menina tímida, insegura e com muitos medos, mas que desde criança tinha muitos sonhos. Pois é, essa era eu, que, apesar de acreditar nos meus sonhos e querer muito realizá-los, não me sentia segura e capaz. A autoconfiança não existia em mim. Lembro-me da dificuldade que eu enfrentava todas as vezes que precisava me posicionar perante as pessoas. O medo de me expor e expor minhas opiniões me dominava. Era muito difícil ser assim. Eu sabia que precisava mudar, mas como fazer isso?

Cresci em uma família simples que não acreditava que uma pessoa de origem humilde pudesse alcançar uma vida mais confortável. Ouvi muitas vezes que eu sonhava demais, grande demais e que muitos dos meus sonhos não seriam possíveis de se realizarem. Todas essas afirmações faziam com que eu me sentisse inferior às demais pessoas e, com isso, eu fui me retraindo.

Lembro-me de uma situação que muito me marcou. Meu pai era motorista de ônibus e sempre alguém esquecia algo ali dentro. Em um determinado dia, ele encontrou uma calculadora financeira HP 12C e a entregou à minha mãe. Ela a guardou, caso alguém viesse procurar, mas passado um tempo, disse o seguinte: "Vou jogar essa calculadora no lixo, pois meus filhos nunca terão a oportunidade de fazer uma faculdade, então para que guardá-la? Faculdade é somente para rico, nós, pobres, não temos como ter esse privilégio". Confesso que por muito tempo eu me vi refém dessa realidade.

Os anos foram passando, eu comecei a questionar algumas situações e a não me conformar com elas. Eu sempre fui muito grata por tudo o que tive até ali, mas acreditava que eu poderia construir um futuro diferente. Desde muito nova, já pensava no meu futuro profissional, então comecei a estudar, fazer cursos, sempre visualizando algo melhor para minha vida. No entanto, confesso que ainda assim era difícil acreditar, afinal eu vivia em um ambiente familiar que pregava o contrário, o qual tinha forte influência sobre mim, ainda que fosse de forma inconsciente. Segundo Freud, "não somos senhores em nossa própria casa. O inconsciente nos domina". Isso significa que muitas das nossas ações, pensamentos e decisões são dominados pelo nosso inconsciente e, muitas vezes, não nos damos conta disso.

Lembro-me de tantos sonhos de criança, tantas coisas que pareciam distantes e hoje fazem parte das realizações alcançadas na minha vida. Um deles é a minha família. Sim, eu sonhei muito com ela, com um marido presente, um bom pai, provedor e defensor da família, com filhos felizes, educados e amorosos. Desde criança, sonhava e visualizava a família que formaria um dia. Sonhei com uma profissão que transformasse a minha vida e a vida de quem cruzasse o meu caminho, sonhei com a minha casa, com cada detalhe dela. Afinal, sou uma sonhadora.

Os anos foram passando e dentro de mim o desejo de mudar a minha realidade só aumentava. Eu sempre me pegava pensando como seria quando eu tivesse uma casa confortável, um carro, uma família e uma profissão. Eu tinha sonhos, constantemente, com tudo isso e neles eu sentia sensações, cheiros e tudo era muito real para mim. De acordo com Jacques Lacan, "o sonho não é uma mensagem secreta a ser decifrada, mas uma formação do inconsciente que expressa desejos e conflitos reprimidos".

Com 14 anos conheci meu marido, com 15 anos, começamos a namorar e, por incrível que pareça, nós tínhamos muitos sonhos em comum, principalmente o sonho de construir uma família e termos uma vida mais confortável do que a da na nossa infância. Os primeiros desafios começaram a se apresentar e poucas pessoas acreditavam que nosso sonho de casar e construir uma família se realizaria. Para muitos, não passávamos de duas crianças que não sabiam o que queriam da vida – e nós provamos o contrário.

No ano seguinte, mais um sonho se tornou realidade: consegui meu primeiro emprego como menor aprendiz em uma empresa. Aquilo foi tão surreal para mim, pois eu vi a minha vida tomando o rumo que eu tanto queria. Eu trabalhava o dia todo e à noite cursava o Ensino Médio, meus pais ficavam com aquela dorzinha no coração, pois viam o meu cansaço, mas não me impediram de trilhar esse caminho. Acho que já haviam percebido quão teimosa eu era.

Eu e Lucas, meu esposo, sempre tivemos o objetivo de termos profissões que possibilitassem uma vida financeira mais estável para nossa família. E assim fomos trilhando caminhos para isso. Em 2006, iniciamos o Ensino Superior, eu prestei o vestibular para Psicologia e Administração de empresas, porque sempre fui fascinada pelo desenvolvimento humano. No entanto, enfrentei forte resistência por parte de meus pais para cursar Psicologia, principalmente pelo fato de acreditarem que a nossa situação financeira nunca permitiria que eu tivesse o meu consultório.

Cursei Administração, trabalhei em empresas e confesso que por um período cheguei a acreditar que seguiria carreira corporativa, mas algo dentro de mim me impedia de avançar e crescer, eu não me sentia realizada e motivada para isso, pois meus valores e propósitos estavam sendo desviados. Com isso, vivi uma crise de identidade e não me compreendia mais nem me sentia completa, mesmo realizando os sonhos de me casar e ter um emprego melhor.

Em 2014, nasceu nossa primeira filha e foi um misto de sentimentos. Por um lado, eu estava feliz e realizada; por outro, estava desesperada. Afinal, eu já estava enfrentando muitos conflitos internos e a maternidade acrescentou mais uma mudança na minha vida, porém, dessa vez, radical. Não me aprofundarei aqui, mas quem é mãe sabe do que estou falando. Em determinado momento, decidi sair do papel de vítima e mudar aquela situação. Eu estava acima do peso, minha família estava sendo afetada e alguém precisava fazer algo. Esse alguém era eu.

Decidi, então, que eu voltaria a estudar e buscaria um trabalho em outra área de atuação, faria uma transição de carreira. Depois de pesquisar, decidi cursar Pedagogia, pensei que por estar amando acompanhar o desenvolvimento da minha filha também me animaria em estar no meio das crianças no ambiente escolar, mas não foi dessa forma que as coisas aconteceram. Após a conclusão da graduação e um tempo em sala de aula, percebi que ainda não era isso o que eu buscava, pois algo dentro de mim ainda não estava completo. No entanto, havia algo naquele ambiente que me chamava muito a atenção: o comportamento das crianças e a dinâmica das famílias. Em qualquer ambiente que eu estivesse, sempre foi muito comum, para mim, observar o comportamento das pessoas e, muitas vezes, até ouvi-las sobre suas angústias.

Os dias foram se passando e eu comecei a pensar sobre a possibilidade de fazer algo por aquelas famílias ou pelas mulheres, pois sempre acreditei no poder que nós, mulheres, temos de restaurar e edificar o nosso lar. Observei que por trás de muitos comportamentos ruins das crianças havia uma família adoecida, desestruturada e uma mãe completamente perdida em meio ao caos.

Comecei, então, a pesquisar novamente cursos, graduações, formações e, finalmente, encontrei a Psicanálise. Confesso que me encantei. Aquela paixão pelo desenvolvimento humano que estava adormecida dentro de mim reacendeu. Comecei a estudar em paralelo com o meu trabalho e fui cada vez mais me envolvendo nesse mundo psicanalítico e, também, compreendendo muitos dos meus conflitos internos, meus medos e o que me impedia de ser uma mulher segura e realizada.

Fui aplicando o que eu estava aprendendo em mim e vi muitas coisas começarem a se transformar dentro de mim e, consequentemente, na minha casa. Entendi que a chave para a mudança estava, de fato, em minhas mãos. Em 2020, com a pandemia, nos isolamos completamente dentro de casa e o que para muitos significou o fim de casamento ou conflitos familiares, para mim consistiu em um período de grandes transformações e conexões dentro de minha família.

A minha transformação, que foi imensa, auxiliou a mudar meu casamento que estava bom, mas ficou incrível. Mudei o modo de me relacionar com a minha filha e as consequências para o desenvolvimento dela foram surpreendentemente maravilhosos. Em 2021, descobri que estava grávida do meu segundo filho e, para minha surpresa, a gestação e o nascimento foram tranquilos, pois o peso daquela mãe insegura não existia mais.

Mesmo com as demandas gigantes da maternidade e do meu trabalho, eu continuava mergulhada no mundo psicanalítico. Iniciei os atendimentos, ainda conciliando com o meu trabalho CLT. Embora tenha sido um período extremamente cansativo e desafiador, eu tinha plantado mais um sonho: o de ter mais tempo para mim, para minha família e qualidade de vida.

O início de 2023 foi o grande marco na minha vida, pois o sonho de trabalhar exclusivamente com o desenvolvimento humano, que eu não tinha conseguido realizar em 2006 quando ingressei na faculdade, foi então realizado. Deixei meu trabalho CLT para me dedicar à clínica e à minha família. Finalmente, aquele dia tão sonhado havia chegado.

A alegria e a gratidão por esse momento foram imensas, afinal só eu sei o quanto sonhei com esse dia. Sonhar e acreditar nos meus sonhos me fizeram chegar até aqui, pois enquanto muitos zombavam ou não davam a devida importância, eu estava focada, mesmo sabendo que me consideravam sonhadora ou até louca por não me conformar com as condições que a vida me dera.

Diante de tudo o que eu vivi na minha transformação e na da minha família, decidi me especializar na clínica, no atendimento a mulheres e casais. Eu quero que mais mulheres e mais casais possam viver uma vida com mais propósito, não se perdendo de seus valores. E, principalmente, conhecendo a si mesmos, para não serem reféns de uma vida comum. Aliás, nós viemos a esse mundo para sermos e vivermos algo muito maior e melhor.

Neste momento de encerramento, gostaria de convidá-la a me seguir nas redes sociais e a me contatar, para saber mais sobre o meu trabalho. Obrigada por me acompanhar até aqui!

“Nossos sonhos nunca morrem, eles apenas adormecem, mas pulsam dentro de nós.”

Ana Godoy

Ana Paula Geishofer Lyra

Sou Ana Paula Geishofer Lyra, mentora e psicoterapeuta sistêmica integrativa e apaixonada por auxiliar as pessoas a desbloquearem seu potencial e viverem uma vida plena. Sou uma voz dedicada à jornada de autodescoberta, cura emocional e reconexão com a essência.

Minha trajetória é marcada por uma formação sólida em constelações familiares, psicanálise e terapias energéticas e integrativas. Além disso, tenho bagagem como escritora, sendo este meu terceiro livro. Minhas qualidades pessoais e profissionais se entrelaçam para oferecer um suporte abrangente e eficaz.

Ao longo dos anos, tenho guiado milhares de estrelas, ajudando-as a acessar seu poder pessoal e viver de forma autêntica, saudável e abundante. Estou aqui para iluminar os caminhos da alma, despertar o brilho interior e alcançar todo o potencial que está disponível para nós.

analyra

Determinadas a brilhar

MULHERES QUE INSPIRAM E TRANSFORMAM

4 AUTENTICIDADE RADIANTE: BRILHAR A VERDADEIRA ESSÊNCIA

Por Ana Paula Geishofer Lyra

Nós buscamos, incansavelmente, e mesmo que secretamente, em um desejo intrínseco e genuíno, o sentimento de sermos nós mesmas. Isso ocorre, justamente, por sermos seres naturais, que estamos inseridas na natureza. É de lá que viemos, é onde vivemos e é para lá que voltaremos (por mais que algumas pessoas se esqueçam disso).

E o que é a natureza senão algo abundante, próspero, belo, sábio e autêntico? Agora, releia essa frase, mas troque mentalmente a palavra "natureza" por "você" e "algo" por "alguém". O que é você senão alguém abundante, próspero, belo, sábio e autêntico? Você irradia luz e brilho por onde passa. Sua energia alcança tudo e todos, mas sei que não é sempre que você se sente um ser iluminado e elevado, mas saiba que é sempre que você é. A relação entre a sua irradiação e autenticidade está em você se conectar com a sua verdadeira essência.

Na jornada da vida, muitas de nós buscamos encontrar nosso lugar no mundo, nossa voz única e autêntica que nos define. A autenticidade é mais do que uma simples palavra; é a chave para desbloquear nosso verdadeiro potencial e experimentar uma sensação profunda de realização e contentamento. Neste capítulo, vamos explorar o poder da autenticidade e como podemos brilhar com a nossa verdadeira essência, determinadas a encontrar nossa própria luz no mundo.

O que é autenticidade? Em essência, ser autêntica significa ser fiel a si mesma, sem se comprometer com quem somos para nos encaixarmos em padrões externos ou expectativas sociais. É viver alinhada com nossos valores, crenças e paixões mais profundas, e ter a coragem de expressar nossa verdadeira essência sem medo nem hesitação.

Ser quem se é envolve não tentar caber nas expectativas alheias, sendo verdadeira consigo, fiel aos próprios valores e princípios, mas também com as pessoas que a cercam, ao expressar – de forma empática e amorosa – o que pensa e sente. É importante ressaltar que essa postura não implica utilizar a autenticidade ou a sinceridade para ferir outra pessoa ou ser invasiva, isso é ser "sem noção", e essa "passivo-agressividade" disfarçada apenas mostra que a pessoa não está confortável na própria pele, o que é o oposto do sentimento genuíno da autenticidade.

Um dos maiores obstáculos para ser autêntica é o medo da vulnerabilidade. Muitas vezes, tememos mostrar nossas verdadeiras cores por medo de sermos rejeitadas ou julgadas pelos outros. No entanto, é importante lembrar que a vulnerabilidade é a chave para a conexão humana genuína e que ser autêntica requer coragem para se abrir e compartilhar nossa verdadeira natureza com o mundo.

Um aspecto fundamental da jornada em direção à autenticidade é a compreensão de como nossos padrões de apego afetam nossa capacidade de sermos verdadeiras conosco e com as outras pessoas. O renomado médico e escritor Gabor Maté explora em profundidade a interseção entre o apego emocional e a autenticidade, destacando como nossas experiências passadas moldam nossos relacionamentos e nossa identidade.

O conceito de apego remonta aos primeiros estágios de nossa vida, começando com os vínculos emocionais que estabelecemos com nossas cuidadoras primárias. Esses padrões de apego, que se desenvolvem na infância, muitas vezes influenciam profundamente como nos relacionamos com as outras pessoas ao longo de nossa vida adulta. Por exemplo, alguém que experimentou um apego seguro na infância pode sentir-se confortável em expressar suas necessidades e emoções de forma autêntica, enquanto aquelas com padrões de apego inseguros podem lutar para estabelecer conexões profundas e significativas.

Gabor Maté argumenta que muitas de nós desenvolvemos estratégias de adaptação para lidar com as feridas emocionais do passado e, muitas vezes, sacrificamos nossa autenticidade no processo. Podemos nos encontrar presas em padrões de comportamento repetitivos, como buscar aprovação externa, evitar confrontos ou suprimir nossas verdadeiras emoções como resultado de traumas passados ou relacionamentos disfuncionais.

No entanto, a jornada em direção à autenticidade nos convida a desfazer esses padrões limitantes e a cultivar relacionamentos mais genuínos e significativos. Isso requer coragem para explorar nossas vulnerabilidades e confrontar as feridas emocionais que moldaram nossa vida. Ao nos tornarmos mais conscientes de nossos padrões de apego e como eles influenciam nossos comportamentos, podemos começar a fazer escolhas mais conscientes sobre como nos relacionamos conosco mesmas e com as outras pessoas.

A prática da autenticidade também envolve aprender a honrar nossos próprios limites e necessidades, mesmo que isso signifique enfrentar a possibilidade de desaprovação ou rejeição. Isso requer um profundo senso de autoaceitação e autoconfiança, que pode ser cultivado por meio do autoconhecimento e da autoempatia.

Em última análise, ao explorar o equilíbrio delicado entre o apego emocional e a autenticidade, podemos encontrar uma maior liberdade e plenitude em nossos relacionamentos e em nós mesmas. Ao honrarmos nossas próprias verdades e aceitarmos plenamente quem somos, podemos abrir espaço para conexões mais profundas, compassivas e autênticas, criando uma vida de significado e propósito.

A chave para descobrir nossa autenticidade reside em nos conectarmos com nosso eu interior. Isso envolve olhar para dentro e explorar quem realmente somos além das máscaras que usamos para nos proteger do mundo exterior. Práticas como a meditação, que silenciam a mente e nos sintonizam com nossa respiração, ou ouvir a voz tranquila da intuição e sabedoria interior auxiliam no processo. A meditação não apenas acalma a mente, mas também nos permite acessar *insights* profundos sobre quem realmente somos e qual é o nosso propósito na vida. A reflexão profunda e a autoanálise são ferramentas valiosas para explorar o eu interior. Tire um tempo para se sentar consigo mesma e fazer perguntas importantes: quais são meus valores mais profundos? Quais são meus maiores sonhos e aspirações? O que realmente me faz feliz? Ao se comprometer com esse processo de autoexploração, você pode descobrir uma riqueza de informações sobre si mesma e o que realmente importa para você.

Outra maneira poderosa de se conectar com seu eu interior é por meio da expressão criativa. Escreva em um diário, pinte um quadro, aprenda um novo *hobbie*, dance livremente ou cante uma música. Deixe sua criatividade fluir sem restrições, permitindo que sua alma se expresse de forma autêntica e genuína. A expressão criativa é uma maneira poderosa de dar voz às emoções e experiências mais profundas, ajudando você a se reconectar com sua verdadeira essência.

À medida que você se aventura nessa jornada de conexão com o eu interior, lembre-se de ser gentil consigo mesma. Nem sempre é fácil explorar os cantos mais escuros de nossa alma e pode haver momentos de desconforto ou resistência ao longo do caminho. Esteja presente para si mesma e ofereça-se amor e compaixão enquanto navega por esse território desconhecido.

Um exemplo vivo desse brilho é a pesquisadora e autora Brené Brown, que é conhecida por suas palestras TED e por seus livros transformadores, como *A coragem de ser imperfeito*, *O poder da vulnerabilidade* e *A arte da imperfeição*. Mas o que torna a história de Brené tão relevante para nosso tema? Ela não apenas pesquisa a autenticidade e a vulnerabilidade, mas vive esses princípios em sua própria vida. Brown não começou como uma autoridade em vulnerabilidade; sua jornada começou quando ela mesma enfrentou desafios e crises emocionais. Em vez de se esconder atrás de uma máscara de perfeição, ela decidiu abraçar sua vulnerabilidade e compartilhar suas descobertas com o mundo.

Brown nos ensina que a verdadeira autenticidade vem da coragem de sermos imperfeitas, de nos mostrarmos como somos, com todas as nossas falhas e vulnerabilidades. Ela nos lembra que a vulnerabilidade não é fraqueza; é a essência da coragem e da conexão humana.

Na nossa jornada em busca do nosso próprio brilho interior, autenticidade é uma qualidade que permeia todas as áreas da vida, desde o trabalho até os relacionamentos e vai além. Para verdadeiramente viver com autenticidade, é essencial conectar-se com a própria essência e honrar quem somos em cada momento. Quando nos permitimos sermos verdadeiras conosco mesmas, abrimos espaço para uma vida mais significativa e gratificante, na qual nossas ações, palavras e escolhas refletem nossa verdade interior. A autenticidade não é apenas uma faceta da vida, é o alicerce sobre o qual construímos nossa jornada pessoal e profissional, nutrindo relacionamentos genuínos, promovendo o crescimento pessoal e possibilitando uma conexão mais profunda com o mundo ao nosso redor.

A autenticidade é como contemplar o pôr do sol: ora brilha intensamente, ora se esconde por trás das nuvens. Assim como o sol, cada uma de nós passa por fases e ciclos, cada qual com sua singularidade e beleza. Em alguns momentos, nossa autenticidade pode estar obscurecida, em outros, irradia uma luminosidade irresistível. A verdadeira essência da autenticidade reside na compreensão de que somos seres cíclicos, fluidos e multifacetados, não limitados por caixas ou padrões predefinidos. É abraçar todas as nuances, momentos e estados de ser, reconhecendo a beleza intrínseca em simplesmente existir.

Ser autêntica é ser verdadeira consigo mesma, um impulso natural que demanda coragem. E o que é ser verdadeira consigo mesma, senão compreender-se como uma metamorfose, uma sequência de mudanças? Pois a única certeza que temos na vida é que tudo muda. Então, abrace sua autenticidade, confie na sua jornada e permita-se brilhar em todas as suas formas, do amanhecer ao pôr do sol, e até mesmo ao resplandecer das estrelas.

"Abrace sua autenticidade e permita-se brilhar em todas as suas formas, do amanhecer ao pôr do sol, e até mesmo ao resplandecer das estrelas."

Ana Paula Geishofer Lyra

Andreza Leite

Sou Andreza Leite, mentora de empresárias e criadora da primeira formação para empresárias com certificado reconhecido pelo MEC, a Formação Empresária Diamante.

Cursei Psicologia e Marketing, MBA em Varejo e Mercado de Consumo, tenho especialização em Neurociência aplicada ao consumo e sou *master coach*. Pelo meu currículo já dá para perceber como sou apaixonada por pessoas e negócios.

Minha paixão por empreender vem de família, afinal sou filha de empreendedores e conversas sobre esse assunto eram recorrentes em nossas mesas, durante as refeições. Um ano após o falecimento dos meus pais, em 2018, encontrei minha verdadeira missão, que é transformar a vida de mulheres por meio do empreendedorismo.

andrezaleiteoficial

andreza-leite

andrezaleite.mv@gmail.com

Determinadas a brilhar

MULHERES QUE INSPIRAM E TRANSFORMAM

5 INTELIGÊNCIA EMPREENDEDORA: A CHAVE DO SUCESSO

Por Andreza Leite

Empreendedorismo. Eu me lembro de escutar conversas sobre negócios, crise, ganhos, crescimento e desafios de empreender desde criança. Como filha de empreendedores, esse assunto sempre foi pauta na mesa durante almoços e jantares. Nem sempre as conversas eram agradáveis. Para falar a verdade, na maioria das vezes acabava em brigas e discussões. E, embora ouvisse meus pais dizendo como era difícil empreender, nunca os vi tentando fazer outra coisa, seja prestando um concurso público seja buscando um emprego com carteira assinada.

Diante dessa realidade, eu também não conseguia me imaginar fazendo outra coisa quando crescesse que não fosse empreender. Aliás, desde pequena, me aventurei nesse mundo: já vendi doces no fundo de casa, tive uma sorveteria (que faliu por tanto consumir e dar sorvetes às minhas amigas), já vendi malhas e tricô até que cheguei à fase de optar por uma profissão e resolvi cursar Psicologia.

Assim como em todo curso superior, o jovem aluno vai, ano a ano, sendo apresentado a inúmeras possibilidades de atuação. Conforme o tempo passava, eu não me via atuando em nenhuma das frentes que me eram apresentadas. Se eu achava que tinha certeza do meu futuro ao entrar para a faculdade, me vi totalmente perdida quando saí dela. Àquela altura do campeonato, meus pais já haviam se separado e com negócios que mal os sustentavam. Logo, eu precisava escolher com o que trabalhar e foi então que decidi abandonar a Psicologia, eu não me enxergava nela naquele momento.

Fui trabalhar como funcionária no varejo, área em que tive as melhores e piores experiências. Depois, trabalhei vendendo anúncios publicitários para revistas locais e eis que, aos 31 anos, tive a oportunidade de empreender. Em 2011, abri, em sociedade com meu esposo, uma editora de revistas que cresceu ano após ano e ganhou reconhecimento internacional. No entanto, o ano de 2017, quando ainda estávamos numa crescente profissional, nos surpreendeu: em abril, minha mãe faleceu e, em outubro, perdi meu pai. Como eles eram minha fonte de inspiração e referência, confesso que perdi o chão. Então, tudo veio a desmoronar quando fui diagnosticada com melanoma, que é o tipo mais agressivo e letal de câncer de pele. Acho que não preciso nem dizer como terminei o ano de 2017, não é mesmo? Vivenciando o luto duplamente e com um diagnóstico daquele em mãos, perdi toda e qualquer vontade de empreender.

O tratamento veio no ano de 2018: uma cirurgia para retirada do câncer, exames para descobrir uma possível metástase (que graças a Deus não houve) e uma grande e profunda doença na alma, que foi sendo curada ao longo daquele ano, graças aos meus pilares que são Deus, autoconhecimento e atividade física. Mas e o empreendedorismo?

Quando decidi voltar ao trabalho, manter uma editora de revistas não era mais nossa prioridade. Com o avanço das redes sociais, ninguém mais queria anunciar em uma revista impressa. Foi então que em agosto de 2018 eu e meu esposo lançamos nosso primeiro curso *on-line*. Àquela altura do campeonato, eu já havia cursado minha segunda faculdade (Marketing) e unimos nossas *expertises* em gestão, marketing e comportamento (Psicologia) para ensinar empreendedoras de todo o país como criar, vender e crescer seus negócios. E, finalmente, aos 39 anos, eu pude, de fato, encontrar a minha missão: transformar a vida de mulheres por meio do empreendedorismo. É essa a bandeira que levanto todos os dias, pois eu acredito verdadeiramente que somente a educação e o empreendedorismo são capazes de mudar o nosso país.

A minha evolução como mentora é consequência da evolução das minhas clientes e desde então nunca mais parei de estudar, pesquisar, analisar e criar novas metodologias e ferramentas. Como boa pesquisadora que sou, observei e conversei com empreendedoras de todo o país. Cataloguei, ao longo de anos, comportamentos e atitudes que tornaram muitas mulheres prósperas ano após ano, e fiz o mesmo com mulheres que não conseguiam sair do lugar.

Eu jamais acreditei que sucesso é sorte, muito menos que Deus seja injusto a ponto de dar oportunidades para uns e para outros não. Por que algumas pessoas conquistam verdadeiros impérios saindo do nada, enquanto outras empreendem em condições extremamente favoráveis, mas não conseguem sair do lugar? Quanto mais eu conhecia novas empreendedoras, mais essas questões me inquietavam.

Foi então que decidi, de fato, mergulhar na busca por uma resposta a essas minhas inquietações. Assim, passei 2022 e 2023 mapeando as centenas de mulheres empreendedoras que eu conhecia e a estudar a trajetória dos mais incríveis nomes masculinos do empreendedorismo para identificar o que esses homens tinham em comum. Com a união da teoria e prática, cheguei à conclusão de que existia algo em comum entre empreendedores de sucesso.

Cresci ouvindo minha mãe dizer que se eu quisesse ser alguém na vida precisaria estudar. Logo, para que consigamos nos destacar na nossa profissão, precisamos desenvolver habilidades cognitivas e aprender habilidades técnicas, correto? Mas, hoje, já sabemos que só isso não basta. Inteligência emocional é pauta não só nos livros de autoajuda, mas também em universidades, que já apresentam o tema para desenvolver a habilidade nos futuros profissionais.

Mas e o sucesso no empreendedorismo? Deve-se a quê? Bem, após anos de dedicação ao tema, cheguei à conclusão de que existem onze pilares que sustentam o que denominei de Mapa das Habilidades de Inteligência Empreendedora. São eles: análise crítica, controle emocional, antifragilidade, criatividade, pensamento estratégico, aprendizado contínuo, contágio social, crescimento profissional, sociedade, controle financeiro e saúde.

Inteligência empreendedora é a capacidade de selecionar, analisar e gerenciar informações relevantes para gerir um negócio que leve ao atingimento de metas e objetivos. E os 11 pilares que compõem o Mapa das Habilidades de Inteligência Empreendedora devem ser vistos como um único organismo.

Análise crítica diz respeito à sua capacidade de avaliar o negócio de forma objetiva, sabendo listar seus pontos fortes e fracos com franqueza. É claro que para empreender precisa haver paixão pelo que se faz, mas deixar essa paixão nortear suas decisões mais lógicas pode acarretar perdas irreparáveis. Por isso, o **controle emocional** é fundamental para que você saiba gerenciar suas emoções e não se precipitar nas tomadas de decisões.

Resiliência é a capacidade que um objeto tem de voltar ao seu estado original, mesmo após um forte dano. Ser resiliente é algo que muitos de nós aprendemos a ser diante das adversidades da vida. A **antifragilidade** vai além: é a capacidade que um objeto tem de voltar ainda mais forte, após sofrer um dano. E se você quer seu negócio próspero, você precisa aprender a ser antifrágil, para aprender com seus erros e quedas, preparando-se para voltar ainda mais forte.

Criatividade parece ser uma habilidade óbvia, mas quantas vezes deixamos de ser criativos diante de alguma dificuldade? Criatividade não é um dom, é treino. Passe a exercitá-la todos os dias, apresentando soluções novas para problemas cotidianos e, principalmente, ampliando seu repertório frequentando lugares diferentes e tendo experiências diferentes.

Agora, se existe uma habilidade que considero essencial para um empreendedor, é a habilidade de saber **pensar estrategicamente**. E só se desenvolve um pensamento estratégico com dados, indicadores de desempenho. Não há como falar em estratégia sem fazer uma análise fria e clara dos números do seu negócio. Quem usa estratégias sem dispor de dados, pratica o que chamo de "gestão da esperança", e viver na base da esperança de dar certo é algo muito perigoso.

Aprendizado contínuo: quantos livros você leu nos últimos doze meses? Quanto você põe em prática aquilo que aprende? Quanto você consegue desaprender para aprender algo novo? Essa busca por aprendizado deve estar ligada a seus objetivos.

Certamente, você já deve ter ouvido a frase: "Diga-me com quem andas que direi quem és". No empreendedorismo, essa máxima deve ser levada a sério, pois o grupo com o qual você convive hoje molda seus resultados. Se você quer crescer, cerque-se de pessoas que vibram, verdadeiramente, pelo seu sucesso e puxem você para cima. O **contágio emocional** faz você ir além das suas possibilidades, pois a partir do momento que você passa a conviver com pessoas melhores que você, seus resultados se tornam melhores também.

Por que listei um pilar chamado **crescimento profissional**? Porque vejo muitos empreendedores tocando seus negócios sem brilho nos olhos e sem metas ousadas. Crescimento profissional tem a ver com uma visão de longo prazo e saber qual é a missão do negócio e valores vivenciados diariamente.

Já o pilar **sociedade** é sua responsabilidade para com a sociedade na qual está inserido. Em um país no qual um terço da população é considerada pobre, o ato de empreender deve ser enxergado muito além do que abrir um negócio. Um empreendedor precisa ser encarado como um modelo a ser seguido. Será que você tem sido um bom modelo?

Controle financeiro deveria ser o primeiro da lista, por motivos óbvios que todo empreendedor sabe, mas poucos praticam. E o último pilar é **saúde**, pois não existe empresa forte com empresário fraco.

Agora quero que você dê uma nota para cada pilar que mencionei aqui. Quais deles precisam de sua atenção? O que você vai fazer para melhorar cada um deles?

Saiba que é sua obrigação prosperar como empreendedor, pois quanto mais você prospera, mais se torna capaz de transbordar na vida dos outros. E para prosperar é preciso se preparar. Quanto você tem se preparado para o sucesso hoje?

“É sua obrigação prosperar como empreendedor, pois quanto mais você prospera, mais se torna capaz de transbordar na vida dos outros.”

Andreza Leite

Bárbara Malvar

Bárbara Malvar, natural de Belo Horizonte (MG), é uma mulher que tem como base a espiritualidade e a fé. Mãe solo de duas mulheres, dedicou 10 anos da sua vida à advocacia, mas descobriu que a verdadeira justiça residia em sua própria cura. Em busca de um propósito, experimentou e estudou diversas ferramentas terapêuticas com as quais hoje trabalha ajudando milhares de mulheres na autoaceitação e na aceitação dos seus cenários, para despertarem o poder pessoal.

Escritora, mentora, terapeuta sistêmica, produtora de imersões e treinamentos individuais e em grupo que têm a finalidade de empoderar mulheres para romperem padrões por meio de um feminino saudável, inclusivo, acolhedor e autorresponsável.

barbaramalvar

Bárbara Malvar

babimalvarmentoria@gmail.com

6 PODER PESSOAL *versus* AUTOACEITAÇÃO

Por Bárbara Malvar

Durante muito tempo me questionei: o que faltava em mim para ser feliz? Independentemente da situação que eu me encontrava, sempre me sentia incompleta. Cheguei até a me questionar se a felicidade era real ou uma idealização distante da minha mente. Será que a falta e o vazio eram condições inerentes ao ser humano? E se essa afirmação fosse de fato verdadeira, como eu lidaria com minhas faltas, como eu lidaria com meus desconfortos de modo a não sofrer com tudo isso?

Comecei a namorar muito jovem, porque acreditava que o outro me preencheria de alguma forma. A verdade é que nessa circunstância eu piorei ainda mais, pois colocava toda a minha energia na relação e esquecia completamente de mim. Se por um lado era bom, porque não estava olhando para as minhas faltas, por outro era muito ruim, porque eu continuava triste e vazia, buscando um cenário diferente, por melhor que fosse o atual.

Iniciei processos terapêuticos ainda muito menina, eu era a ovelha negra da família e a vida não parecia ter muito sentido para mim. Cheguei à conclusão de que o que me faltava eram filhos, um casamento, a família feliz e meu canto. Eu tinha certeza de que, depois disso, eu finalmente me sentiria completa. A realização nunca era sobre viver o momento presente, independentemente do cenário, mas sobre algo que ainda precisaria acontecer.

Aos 18 anos, quando eu tinha acabado de entrar na faculdade de Direito e começado a trabalhar como bancária, descobri que estava grávida do meu namorado. Estava descobrindo um novo mundo no qual eu tinha meus próprios recursos, então vi meu mundo desabar. Infelizmente, a gravidez ocorreu nas trompas e eu precisei fazer um aborto às pressas. Quando eu já estava me acostumando com a ideia de ser mãe precocemente, descobri que teria que retirar minha trompa e que seria difícil engravidar novamente. Mais uma vez me via incapaz, mas dessa vez para gerar um filho. Eu poderia ter considerado essa crise como uma oportunidade de organizar melhor a minha vida, mas não, eu sofri. Três meses depois, então com 19 anos e por um milagre, eu estava grávida novamente e, dessa vez, tudo correu bem. Era minha Júlia. Mas o meu medo e minhas lamentações persistiam: como vou concluir minha faculdade? O que vai ser da minha vida? Como farei para realizar meus sonhos, tendo que cuidar de outro ser, se eu mal cuidava de mim?

Eu queria ser mãe, mas estava olhando o lado negativo. Casei-me, comprei minha casa e, enfim, estava "completa". Não, não estava. Lá estava eu lamentando o cenário que eu não tinha, me faltava a liberdade de viver experiências, eu tinha acabado de entrar na faculdade e me vi mãe, tendo que assumir a maior renúncia da minha vida.

Eu vivia perguntando às pessoas quando a renúncia acabaria, quando teria minha liberdade de volta. Liberdade? Que liberdade? Nunca fui livre, sempre vivi refém do tempo que nunca chegava, do momento perfeito que nunca existiu e da falta do agora, do presente que nunca me permiti estar. Em menos de um ano, estava eu grávida novamente, no susto. Era minha Giovana. Meu casamento, que já era cheio de desencontros, foi se desencontrando cada vez mais. Eu ainda estava na faculdade e trabalhava no banco. Eram muitos desafios para dar conta.

Aos 23 anos, concluí a faculdade de Direito, passei na OAB e trabalhava para sustentar minhas filhas. Eu tinha uma família linda, mas me sentia incompleta, o cenário tinha tudo, menos eu. Com tantos olhares para o que faltava, aos 27 anos tomei uma decisão, foi o meu basta: decidi que precisaria recomeçar, ver sentido na minha vida. Após a minha última briga com meu então marido, eu tomei a decisão mais sensata da minha vida: "Vou me separar. Preciso entender quem eu sou, preciso entender o porquê de eu não ser feliz e de sempre me faltar algo". Meu marido, para mim, era mais um amigo do que um homem, não fazia mais sentido me manter naquele relacionamento.

Deixei minha casa para voltar a morar com meus pais, mas, dessa vez, trazendo comigo minhas duas filhas e um sentimento de alívio por ter optado por mim, por ter me escolhido, embora me julgando por ter feito isso, por ter "abandonado" a família. Durante alguns bons anos, carreguei a culpa de ter destruído meu casamento aparentemente feliz, mas à medida que o tempo ia passando e eu percebia que eu seria incapaz de viver as experiências que estava vivendo se eu estivesse casada, fui acalmando meu coração e me tornando cada vez mais convicta da minha decisão. Tínhamos princípios e valores diferentes e isso só me machucava, porque me fazia questionar quem eu era, sem nunca obter a resposta.

Um mês depois da separação eu já estava com outra pessoa, novamente com a intenção de não olhar para as minhas faltas, mas mergulhando nas faltas do outro, que, de alguma forma, me confortava. Eu ia do céu ao inferno nessa relação. Ao mesmo tempo que eu era apaixonada e vivia coisas que nunca tinha vivido, era tudo muito instável, era muita dependência emocional, quase como se eu não conseguisse viver sem ele. No dia que ele terminou comigo, eu tinha acabado de passar por um dos meus procedimentos cirúrgicos mais delicados da minha vida e me vi completamente sem chão. Nesse momento, eu percebi que era preciso virar uma chave em mim.

O ano era 2018 e eu comecei a me questionar: "Como posso dar tanto poder a outra pessoa? Como posso perder minha base com a ausência do outro?". Ali, o vazio virou um buraco profundo e eu achei que não sairia mais dele. Todo o luto que eu não havia vivido com o fim do meu casamento, porque eu havia substituído a pessoa e não curado a dor, eu estava sentindo ali. Foi então que eu dei meu segundo basta e iniciei uma caminhada consciente rumo ao autoconhecimento.

Comecei meu primeiro curso de hipnose e fui mergulhando em cursos, um após o outro. Desenvolvimento humano, retiros, práticas diversas e, em cada vivência, eu acessava lugares diferentes em mim, e assim continuo até hoje. Eu aprendia e aplicava nas pessoas da minha família e nos meus amigos, eu gostava de aprender e validar o meu aprendizado nas pessoas, tudo de modo gratuito e voluntário. Isso me movia e fazia tudo fazer sentido, porque eu via as mudanças acontecendo.

Iniciei estudos espirituais, frequentei religiões diferentes, mergulhava profundamente em cada uma delas, decantando apenas o que fazia sentido para mim. Entendi que todas me levavam ao mesmo lugar, então nunca consegui escolher uma e nunca entendi a separação entre elas.

Fui apresentada para o mundo da cura de todas as formas – banhos de ervas, energização, *reiki*, oráculos diversos, cristais, óleos essenciais – e tudo brilhava aos meus olhos, era como se cada ferramenta preenchesse uma parte minha.

De repente, veio a pandemia, as pessoas precisaram estar reclusas em casa e se encontravam mais sensíveis e vulneráveis. Não era comum o contato social, mas conseguimos encontrar um restaurante, em uma cidade vizinha, que estava funcionando. Então decidimos ir, eu, meu irmão, minha cunhada e minha amiga. O consumo de bebida alcoólica foi exagerado e sem limites, com o objetivo de nos desconectarmos daquela situação que vivíamos. Perder o limite da bebida, sair do controle de mim e do meu corpo me fizeram pagar um preço alto.

De maneira bem premeditada e vendo o meu estado, alguém muito próximo a mim, da minha família, alguém com quem cresci e que eu considerava um irmão – esse era o meu olhar – se ofereceu para dormir na minha casa (eu morava com meus pais à época, mas não tinha ninguém na casa). O combinado era que iríamos andar de bicicleta no dia seguinte. Eu não vi problema nenhum nisso e muito menos maldade, afinal, além de se tratar de uma pessoa que eu nutria confiança, eu não estava em condições de análises conscientes. Fui estuprada de forma violenta por alguém que eu ajudei terapeuticamente, alguém que olhei de forma amorosa. O meu maior erro foi não impor limite a essa relação.

Eu me vi em um pesadelo. Meus questionamentos passaram a ser: denuncio ou não? Como a família vai me ver? Conto para os meus pais ou não? O que será de mim? Ainda em choque, decidi me abrir com meus pais e meus irmãos. Eu precisava de ajuda para lidar com tudo aquilo e tive apoio de todos eles. Fiz todos os exames, fiz corpo de delito, mas a decisão da denúncia só veio um ano depois. Foi quando abri meu coração, inclusive publicamente, em redes sociais e comecei a minha causa pelas mulheres, não como uma maneira de exclusão do masculino, mas de cura ao feminino ferido. A partir da denúncia, foi aberto um processo e, quando tive acesso a ele, descobri que minha avó materna (que era como mãe para mim) havia deposto contra mim. Foi doloroso, o processo foi arquivado com base nesse depoimento de palavras mentirosas.

Decidi então mergulhar no autoconhecimento e na espiritualidade para me curar, decidi não mais advogar, não acreditava mais na justiça. Após algum tempo, minha vida começou a ter um sentido maior, uma causa, uma razão e um propósito. Foram dois anos entendendo minha avó, no meu coração, aceitando com todo amor o meu cenário, minha história e as circunstâncias as quais, por inconsciência, eu me colocava. Minhas ferramentas terapêuticas me curaram de mim, me trouxeram de volta para mim, minha maior dor foi também minha cura.

Com o coração cheio de amor resolvi procurar minha avó e foi um reencontro tão lindo! Ela me disse: "Seu cabelo era como o meu na adolescência" (no período do nosso afastamento, eu passei pela transição capilar) – e ali tudo fez sentido, ali eu curava meu feminino, ali eu compreendia que tudo que faltava era mais de mim para mim, era me aceitar, me compreender. Durante a minha vida inteira, eu nunca tive uma boa relação com a minha mãe, sempre entrávamos em um campo de embate, por isso eu sempre me sentia mais à vontade com a minha avó. Mas, depois de todo esse contexto, foi o apoio da minha mãe que eu recebi. Assim, eu tive que primeiro incluir minha mãe e minha avó no meu coração para depois conseguir me incluir em mim, me aceitando e aceitando a minha vida como ela era. Foi assim que tudo começou a ficar mais leve. Comecei a compreender até os meus cenários desfavoráveis, porque, quando a gente se aceita verdadeiramente, a gente aceita tudo à nossa volta.

“Minha maior dor deu sentido à minha vida. O que me faltava era mais de mim, para mim.”

Bárbara Malvar

Carolina Horácio Rabelo

Carolina Horácio Rabelo, engenheira que decidiu estudar a beleza, e consultora de imagem especialista no Método Kibbe. Meu propósito é resgatar a autoestima de mulheres realçando sua verdadeira beleza através da harmonia.

O ano de 2021 foi de grandes desafios em minha vida. Em meio a situações difíceis, encontrei a verdadeira beleza e passei a cuidar da minha autoestima. Desde então, venho me especializando em diversas técnicas, como a teoria de David Kibbe, visagismo, colorimetria, sete estilos universais, entre outras áreas relacionadas à autoestima, beleza e harmonia.

Será uma honra dividir parte da minha história e conhecimento com você, para que, juntas, possamos resgatar a sua autoestima e realçar a sua verdadeira beleza.

carolhrabelo

Carolhrabelo

7 RESGATANDO A SUA AUTOESTIMA

Por Carolina Horácio Rabelo

O meu despertar para a importância de nutrir uma autoestima saudável começou em 2021, quando descobri que estava grávida, após 4 meses de casada. Eu sempre digo que não foi uma gravidez planejada, porém ela foi muito desejada e esperada. O fato de eu estar carregando uma vida dentro de mim me fez observar meu corpo e me olhar com um pouco mais de cuidado e atenção. Eu queria observar e perceber cada mudança que estava acontecendo e isso me chamou atenção para o fato de que havia anos eu evitava me olhar no espelho, especialmente para o meu corpo. Perceber isso doeu, pois me fez entender que eu havia me negligenciado por anos, a ponto de evitar observar meu próprio reflexo no espelho.

Lembro-me de ter me questionado o porquê de ter me permitido chegar a tal ponto, mas, ao me lembrar da alegria da gestação e de todas as mudanças que aconteciam em meu exterior, coloquei a mão em minha barriga e agradeci ao meu filho por ter me permitido despertar. Infelizmente, a minha gestação foi interrompida por volta de 11 semanas: sofri um aborto retido. Entretanto, em meio a um momento tão triste, eu percebi que a vida desse bebê que passou poucas semanas conosco teve um propósito, não foi em vão. Ele me resgatou, fez com que eu voltasse a olhar novamente para mim mesma, me cuidar e resgatar a minha autoestima.

Foi uma fase transformadora e muito importante em minha vida, pois foi a partir desse momento que passei a me importar com a verdadeira beleza, aquela que é boa, verdadeira e bela em sua essência. Descobri que há beleza em ser quem somos, em cada característica especial e única do nosso corpo e que bastava eu me reconhecer e replicar essas características, sempre buscando a harmonia, pois a verdadeira beleza está na harmonia que pode ser encontrada quando replicamos características que já existem em nosso próprio corpo. Eu passei a estudar beleza, autoestima e não poderia guardar um conhecimento tão rico e transformador apenas para mim, sabendo que há milhares de mulheres que não reconhecem sua beleza e não cultivam uma boa autoestima.

Eu sei que nesse momento a sua autoestima pode estar abalada, assim como a minha estava. Nós, mulheres, vivemos na maior parte do tempo sobrecarregadas, cansadas, submetidas a uma rotina que nos engole e faz com que deixemos de nos cuidar e estimar, impedindo que enxerguemos a nossa verdadeira beleza. Mas, hoje, eu lhe convido a resgatar a sua autoestima e se conectar com a sua beleza por meio da harmonia que já existe em você.

Muitas vezes, atribuímos a baixa autoestima ao julgamento que fazemos ao nos olharmos no espelho; porém, a autoestima vai além dessa percepção. Autoestima é o valor que você atribui a si, é o modo como você enxerga suas qualidades, habilidades, entre tantos outros aspectos que fazem de você essa mulher única e especial. É importante que você entenda que de todas as percepções que você tem sobre si, a autoestima é a mais importante, pois ela impacta todas as áreas da sua vida, influencia o modo que você se sente na maior parte do tempo e tem um papel crucial em sua saúde mental.

Eu sei que você pode ter vivido situações que fugiram do seu controle e afetaram a sua autoestima negativamente, como traumas de infância, relacionamentos abusivos, pessoas que lhe trataram de maneira desrespeitosa e situações que fizeram você se sentir culpada, inadequada, envergonhada, ansiosa e até mesmo deprimida. Eu mesma fui cultivando a baixa autoestima ao longo dos anos, especialmente na fase em que estava me graduando, quando estava submetida a uma rotina exaustiva, dormindo pouco, valorizando atividades externas e pessoas, me colocando em último lugar. Essa atitude tomada de modo inconsciente – e por estar vivendo no piloto automático e me colocando em último lugar – provocou grandes danos que até hoje precisam de cuidados. A baixa autoestima fez que eu não conseguisse me sentir feliz e segura comigo mesma.

Agora que você entendeu o valor de nutrir uma boa autoestima, eu quero dividir com você quatro pilares que, segundo o psicólogo Walter Riso, constituem uma boa autoestima.

Reflita como você se avalia nos quatro pilares listados abaixo.

- Autoimagem: como você se sente ao se olhar no espelho?
- Autoconceito: o que você pensa de si mesma?
- Autorreforço: quanto você reforça e valoriza o seu comportamento?
- Autoeficácia: o quanto você acredita em si mesma?

No que diz respeito às perguntas acima, suas respostas foram positivas ou negativas?

Você já parou para pensar que quase sempre o sentimento de baixa autoestima está atrelado a como você se enxerga fisicamente? Ou seja, em grande parte das vezes, a baixa autoestima afeta a nossa autoimagem e, consequentemente, a maneira como nos enxergamos ao nos olharmos no espelho. Então, quero falar com você um pouco mais sobre a autoimagem. Nós vivemos em uma sociedade em que a pressão estética é grande e podemos facilmente nos sentir inadequadas em relação à nossa aparência. Você sabia que a cada 100 mulheres apenas quatro se consideram belas? E que, apesar dessas mulheres não conseguirem reconhecer sua própria beleza, 80% delas enxergam beleza nas outras? Esses dados são do estudo chamado *A verdade sobre a beleza*.

Isso mostra o quanto podemos ser más e julgadoras conosco; porém, somos capazes de olhar as outras com mais generosidade e atribuir beleza a elas. Eu quero convidá-la a um encontro real com você mesma. Olhe para você e se enxergue com mais amor. Você passou uma vida inteira sem realmente enxergar a sua verdadeira beleza. No geral, quando nos olhamos ou refletimos sobre nós, focamos apenas naquilo de que não gostamos, colocamos uma lupa nas características que nos desagradam em nós mesmas e fazemos com que essas características, que julgamos negativas, sejam protagonistas e ditem quem nós somos.

Não se compare a ideais estéticos que não existem e reflita, se quando você olha para si, você está buscando a sua verdadeira beleza ou um padrão estético irreal. Deixe de lado as comparações, pois a comparação é um dos principais fatores para a baixa autoestima. Evite supervalorizar a vida do outro e diminuir a sua, entenda que ver beleza e qualidades em outras pessoas não lhe impede de ver a sua própria beleza e qualidades. Eu sei que sair do fluxo da comparação é difícil, mas é necessário que você aprenda a lidar de maneira saudável com a comparação, para nutrir uma boa autoestima, e sei que isso vai exigir atenção e esforço da sua parte. Uma maneira de evitar comparações é cultivar a autoaceitação incondicional, que nada mais é que se aceitar com suas falhas. O psicólogo Carl Roger tem uma frase que diz: "O paradoxo curioso é que, quando me aceito exatamente como sou, posso mudar", ou seja, quando você se conhece e aprende a aceitar a si mesma, você sai do fluxo de comparação, reconhece as suas falhas e, então, você se capacita a ser melhor a cada dia, trabalhando em seus pontos fracos, buscando um estilo de vida mais saudável e aprendendo novas habilidades, porque sua satisfação nunca estará relacionada a ser alguém que você não é, por isso o autoconhecimento é tão importante. Lembre-se: sua essência foi feita para despertar e florescer, e a autoaceitação abre caminho para uma mudança verdadeira.

Agora eu pergunto: você é capaz de enxergar e admirar a beleza e as qualidades que existem em você? Você sabe que tem uma autoestima fortalecida quando está em paz consigo mesma e com as pessoas ao seu redor, e que isso não tem nada a ver com ser perfeita ou agradar a todos, mas, pelo contrário, está relacionado com o respeito a quem você é. Está ligado com o aprendizado, a apreciação e a valorização das suas características, que a fazem ser essa mulher única e especial.

Nesse momento, convido a se olhar no espelho com atenção e listar três características do seu corpo que você acha que são bonitas e, em seguida, três características da sua personalidade que você aprecia. É muito provável que esse exercício seja desafiador para você, que você leve mais tempo do que imagina para descrever as seis características ou que não consiga observar todas elas, mas lembre-se: fomos criadas por um Deus que nos ama e nos fez de forma perfeita e bela.

> "Eu te louvarei, porque de um modo assombroso, e tão maravilhoso fui feito; maravilhosas são as tuas obras, e a minha alma o sabe muito bem.
>
> Os meus ossos não te foram encobertos, quando no oculto fui feito, e entretecido nas profundezas da terra.
>
> Os teus olhos viram o meu corpo ainda informe; e no teu livro todas estas coisas foram escritas; as quais em continuação foram formadas, quando nem ainda uma delas havia." (Salmo 139:14-16)

Tendo em vista tudo que vimos, quero que você se pergunte: "O quanto tenho me estimado ultimamente? Quanto do meu tempo tenho dedicado a mim mesma?". Talvez essas simples perguntas tenham gerado algum desconforto, pois você não está acostumada a se perguntar se está ou não se priorizando.

Cultive diariamente o autocuidado, pois essa é uma ferramenta poderosa para resgatar a sua autoestima. Dedique um tempo para si, mesmo em meio a uma rotina corrida e com obrigações diárias. Pequenos gestos, como dormir bem, fazer *skincare*, praticar um *hobby*, entre tantos outros, farão uma grande diferença na maneira como você se vê. Autocuidado e autoestima andam juntos, pois não há como nutrir o segundo sem praticar o primeiro.

A autoestima é construída, não é algo que é imposto. Talvez você esteja no início da sua jornada e ainda precise se reconhecer, se encontrar. Então, meu conselho para você é: vá aos poucos, com cuidado, sem pressa e curtindo o processo. Aprenda a olhar para você e para a sua vida com olhos que estimam e buscam a verdadeira beleza. Olhe-se no espelho e conecte-se com a mulher linda e perfeita que você é, detentora de um conjunto de características físicas e de habilidades que a fazem única. Abrace e acolha as suas características, replique para o mundo o que há de melhor em você.

Se você chegou até aqui, é porque a beleza é importante para você. E há muita beleza em ser quem você é.

"Se você chegou até aqui, é porque beleza é importante para você. E há muita beleza em ser quem você é."

Carolina Horácio Rabelo

Cassia Sperandio

Cassia Rodrigues Sperandio, sou psicóloga clínica na abordagem cognitivo – comportamental, especialista em saúde da família e psicologia do trânsito. Acumulei mais de 3 mil horas em atendimento individuais e em grupo e mil horas em avaliações psicológicas. Natural de São Paulo, cristã, casada há 21 anos com o Sergio, mãe do Gabriel e de um anjinho que está ao lado do trono de Deus.

Minha missão é contribuir para o desenvolvimento de pessoas, orientando-as para desenvolver e gerir suas emoções de forma assertiva, construindo uma relação de amor-próprio com o outro e com suas experiências.

psicologa.cassiasperandio

+55 (11) 95163-0554

contato.psicologacassia@gmail.com

Determinadas a brilhar

MULHERES QUE INSPIRAM E TRANSFORMAM

8 GERENCIANDO EMOÇÕES PARA TOMAR DECISÕES SÁBIAS

Por Cassia Sperandio

Você pensa o que quer? Consegue ter o controle dos pensamentos? E, quando percebe, está sentindo todos os sintomas físicos e emocionais que eles lhe provocaram?

Durante minha jornada de vida, perdi oportunidades de crescimento em empresas nas quais trabalhei por não saber falar, por tomar decisões impulsivas e não fazer o gerenciamento de minhas emoções. Me prejudiquei por agir assim quando ajudava pessoas esperando reciprocidade. "Incompreendida", "explosiva", "dramática" eram adjetivos direcionados à minha personalidade. Eu tinha o hábito de iniciar diversos projetos ao mesmo tempo e não os concluir por exaustão mental e física, e assim iniciavam os episódios depressivos. Associava os episódios a traumas gerados na adolescência, sempre era culpa do outro, do mundo, nunca entendia que eu tinha grande responsabilidade nessa desordem que era a minha mente.

Desde a adolescência até a minha fase adulta, vivi todas as consequências desse desregulamento emocional, acreditando que o meu jeito era aquele, minha personalidade era a tal "síndrome de Gabriela". É claro que existia dor por não conseguir gerenciar minhas emoções, ora feliz, ora triste e irritada, eu simplesmente não tinha controle. Foi então que resolvi não lutar mais contra meu diagnóstico TAB (Transtorno Afetivo Bipolar). Depois de anos em negação e agora uma psicóloga, não poderia mais ignorar o fato. As medicações me ajudaram e, mais do que isso, a psicoterapia e, principalmente, a psicoeducação sobre o transtorno. Busquei aprender como ser gestora das minhas emoções.

Então, o transtorno não estava mais no controle, ele estava estabilizado, era eu no volante dessa grande máquina chamada cérebro-minhas emoções.

Durante anos da minha atuação e aprendizado pessoal, observei a importância do domínio deste assunto, não só para pessoas com transtornos e sim para todos os indivíduos. São tantas pessoas com dificuldade em administrar suas emoções! Já que não somos ensinados na primeira infância sobre como ter o domínio delas e sobre os pensamentos ruins, acelerados. De certa forma, percebo que em alguns lares o assunto emoção também é um tabu que se manifesta em frases como: "Engole o choro!"; "Preguiçoso!"; "Pare de frescura!"; "Tristeza é ausência de Deus!"; "Irritado, por quê?"; "Não pense assim, vai passar!". Em algum momento, você já foi ouviu alguma dessas frases?

Este é um exemplo clássico de tabu voltado para negligenciar as emoções. As gerações passadas não foram orientadas e nem tratadas nesse sentido. Escuto de pacientes iniciantes no processo de psicoterapia: "Eu tentei não pensar mais nisso, pois me deixa triste, irritado e ansioso". O jeito que a humanidade aprendeu a manejar suas emoções foi não lidando com elas, e não fazendo o manejo, mas sim, passando por cima delas com um rolo compressor. As consequências desse negligenciamento adoecem cognitivamente cada vez mais as pessoas, tornando-as estressadas, deprimidas, ansiosas etc. Por isso, resolvi trazer para você o processo de construção de pensamentos, o programa de gestão da emoção, de forma breve.

De acordo com o processo de construção e gestão dos pensamentos, por dr. Augusto Cury, nosso córtex cerebral tem o biógrafo chamado fenômeno RAM (Registro Automático da Memória). Ele é responsável por registrar e arquivar cada pensamento lúcido ou perturbador, cada emoção prazerosa ou angustiante, sem a autorização do **eu**, que representa sua capacidade de escolha, a autodeterminação, a identidade básica e o livre arbítrio. Ele arquiva tudo o que você ama e, sobretudo, tudo o que você odeia ou tem medo. Esse registro é feito em milésimo de segundos, à medida que os pensamentos são elaborados após as experiências. Esse processo de armazenamento cria janelas traumáticas, denominadas *killers*, elas são parte do processo dos fenômenos inconscientes, que são:

- Gatilho da memória: é o responsável por identificar e codificar os sons, a luz, qualquer estímulo extrapsíquico e intrapsíquico, como os pensamentos e as emoções. Ele nos torna uma espécie pensante através da operacionalidade do *eu*, ativando a consciência, a interpretação imediata e a consciência instantânea.

- Janelas da memória: são regiões de leitura formadas ao longo da vida e responsáveis por armazenar as experiências vividas. Tipos de janelas:

a) Neutra: como o próprio nome diz, corresponde a 90% das memórias "neutras"; em tese, sem conteúdo emocional. Exemplos: números, letras, endereços, conhecimento profissional, todas as informações registradas no córtex cerebral, desde o ventre da mãe até o último fôlego.

b) *Light*: as janelas *light*, como seu próprio significado em inglês diz ("luz", "acender"), indicam que elas "iluminam" o *eu* para o desenvolvimento das funções mais complexas da inteligência, como a capacidade de pensar antes de reagir, colocar-se no lugar do outro, a habilidade de recomeçar, gerenciar pensamentos. Também é responsável pelas áreas de leitura que contêm prazer, à serenidade, tranquilidade, flexibilidade, apoio e a exemplos saudáveis.

c) *Killer*: em inglês, significa "assassino". Ela é responsável por "assassinar" a leitura das outras janelas da memória, bloqueando ou dificultando respostas assertivas em situações estressantes. O conteúdo dentro dessa janela é de memórias emocionais angustiantes, fóbicas, tensas, depressivas e compulsivas. Essa janela aprisiona a liderança do **eu**.

- Âncora da memória: síndrome predador/presa, responsável por registrar a memória em uma parte do cérebro. Se essa memória se fixar em uma janela traumática ou *killer*, ela intensificará o volume da tensão do gatilho disparado anteriormente. Nessa síndrome é que ferimos quem mais amamos ou por atitudes precipitadas.

- Autofluxo: fenômeno do inconsciente, responsável por analisar todas as partes da memória de maneira não programada. Produz pensamentos, imagem mentais, fantasias, emoções e desejos, realizando maior ativação de memória, lendo e relendo as janelas da memória. Se o autofluxo permanecer na janela *light*, será ótimo. Teremos aqui uma criação de coisas muito boas, mas, se ele se ancorar na janela *killer*, os pensamentos e lembranças serão um filme de terror, paralisando o *eu*.

Para exemplificar esse processo, se você escutar um julgamento, o gatilho da memória será acionado e, como estou falando de um "julgamento", a janela *killer* vai se abrir, pois as memórias serão de medo, angústia, ansiedade. E, sem saber como responder a esse julgamento, o próximo passo da âncora da memória é registrar essas experiências como algo perigoso, então o autofluxo inicia o processo de criar o roteiro de um filme no qual você será colocado no banco dos réus.

Perceba que, ao conhecer o processo, vai ser tornar mais orgânico gerenciar as técnicas para reeditar, reestruturar e suspender os registros inadequados. Uma das técnicas que você pode utilizar é a DCD (Duvidar, Criticar, Determinar), ou seja, questione e busque evidências desses pensamentos. Outra técnica é o "Silêncio proativo", que é silenciar por fora e dialogar por dentro.

Se você está pensando que há muita informação, "não vou conseguir realizar todas essas técnicas", você já ativou o processo do fenômeno RAM para o pensamento negativo. O primeiro passo para gerenciamento desse pensamento é silenciar por fora e dialogar por dentro. Por que estou mencionando sobre essas técnicas agora? Entenda, o precursor da gestão das emoções, Jesus Cristo, silenciava nos momentos mais turbulentos para dar as respostas mais sábias e prova disso é a Bíblia. Lá, você pode encontrar vários momentos em Ele, ao invés de agir como uma presa ou predador, usou o silêncio proativo. Viveu sim momentos de dor e aflição, mesmo sendo quem foi, o Messias. Ainda assim, não ficou irado ou se sentiu injustiçado, Ele tinha a certeza de quem era, quais eram os seus princípios e valores e que nada nem ninguém eram capazes de o fazer vender ou trocar isso, os princípios que o aproximavam de Deus eram inegociáveis. Nós, por vezes, financiamos problemas, dores, questões que não deveríamos financiar nem negociar em momento nenhum de nossa vida.

Coloque em prática o DCD, seja gentil com você e com sua capacidade. Olhando para você, hoje, observe que você exerce a função de carrasco das suas emoções, sendo seu próprio algoz em todas as suas dúvidas, decisões, sonhos, objetivos, relações e esperanças. Cada vez que tenta controlar algo ou é reativo às coisas que não estão no seu controle, os pensamentos precisam ser questionados de dentro para fora, silenciar para dialogar. As pessoas mais sábias se calam em momentos de estresse e eu aprendi isso ao longo do meu processo, a duras penas, mas aprendi.

Acalme-se, você não aprendeu a ser você ontem e não será amanhã que vai gerenciar tudo com pensamento mais *light*. O cérebro é como um músculo, quanto mais você o treina, mais forte ele fica. Somente uma pessoa forte possui uma mente forte e lidera todo o processo, mesmo que pareça difícil. Vai exigir sua dedicação. Temos estímulos a todo momento, memórias boas e ruins, nós não nos esquecemos coisas ruins nem desaprendemos, e sim reconfiguramos. Não tenha a inocência de acreditar que vai esquecer tudo que já lhe fez sofrer ou tem medo, a emoção é como um bebê, está em constante amadurecimento e nunca sai da primeira fase de desenvolvimento; portanto, busque ajuda de um profissional capacitado e não dispense uma boa rede de apoio.

Estimule o autocuidado e o autoamor: abrace a si mesmo, diminua os níveis de exigência, seja mais empático consigo, seja o seu advogado de defesa, leve uma vida mais leve, curta cada momento e valide suas pequenas conquistas. Seja grato. Se você não estiver focado em exercer esses aprendizados, tenha certeza de que terá grande dificuldade de desenvolver saúde emocional. Não importa quantos cursos e imersões realize, ou as enormes leituras. Se você não conseguir dar um choque de racionalização nessa forma de pensar, esses fenômenos continuarão e você correrá o risco de ser prisioneiro da sua mente. Dessa cela, somente você tem a chave. Essa será sua primeira decisão sábia.

"Seja igual a Jesus Cristo, que silenciava nos momentos mais turbulentos, para dar as respostas sábias. A prova disso é a Bíblia."

Cassia Sperandio

Chris Sampaio

Sou Christiane Sampaio, mas pode me chamar de Chris, a Obstinada. Filha abençoada de Deus, mãe da Victoria, de 9 anos, noiva do Jason Doman. Curiosa vivendo o sobrenatural, amante da psique, mas consciente de que o mundo é repleto de oportunidades.

Empresária há 19 anos, presidente de uma indústria de perfumaria e cosméticos com um time extraordinário composto de 320 pessoas. Apreciadora do conhecimento em comportamento humano e comunicação.

Formações que adquiri e implantei na minha vida, no meu time e compartilhei com todos aqueles que me cercam: Treinamento de liderança emocional quântica, *Master* PNL, *Firewalking*, *Master Coaching*, Gestão de Negócio, Linguagem Não Verbal, Neurociência, Disc, "Corpo fala", hipnose e *Master Mind*.

*sampaiochris_*

Chris Sampaiochris Pensando Fora da Caixinha

christiane.sampaio@icloud.com

Determinadas a brilhar

MULHERES QUE INSPIRAM E TRANSFORMAM

9 DESTEMIDA E VISIONÁRIA

Por Chris Sampaio

Como vai você? Quando estiver lendo essas páginas, desejo que seu coração se liberte das dores e sofrimentos que viveu ou ainda vive e olhe para sua vida com todo o amor. Agradeça por sua jornada, pois, se no fundo de seu coração houver fogo do Espírito Santo, sentirá uma sensação maravilhosa de saber que chegou até aqui e que tudo pode mudar a partir das escolhas que fará. São essas decisões que podem edificar sua vida e sua casa para todo o sempre.

Vem comigo! Quero dividir com você uma parte da minha vida em que Deus andou comigo e eu ainda não entendia sobre caminhar e ter intimidade com Ele.

Sou baiana, nasci em Salvador e moro em São Paulo desde os 8 anos. Vivi com a minha mãe até 2006 e quero compartilhar com você como foi o momento de ruptura em que saí de um lar com frequentes brigas, agressões, ofensas, insegurança, traição e no qual houve tentativa de suicídio.

Aos 14 anos, eu trabalhava como estoquista em uma loja, partilhava de dois cômodos de uma casa com sete pessoas – minha mãe, irmão, irmãs e meu padrasto – em um bairro aqui da capital de São Paulo. Quem trabalhava em casa? Eu e minha mãe e, às vezes, meu padrasto fazia bico de pedreiro. Ele era bom no trabalho, quando não estava bêbado.

Tínhamos poucos recursos e muitas bocas para alimentar. Quando saí de casa, não pude retornar ao trabalho anterior porque meu antebraço e tornozelo estavam fraturados e, depois de meses de afastamento para recuperação, abandonei o emprego. Embora fosse menor de idade, já tinha a compreensão de que, se o gerente da loja fizesse uma denúncia à polícia e ao conselho tutelar, prejudicaria minha mãe e ela já tinha muitos problemas em casa, estava doente psicológica e emocionalmente.

É curioso como há situações na vida sobre as quais ninguém nos ensina, mas aprendemos a distinguir. Não conhecia a história de vida da minha mãe, mas percebia que ela tinha muito sofrimento e traumas. E sim, ela estava muito doente e desequilibrada. Ter mais essa sombra e peso na vida, por agressão, não tornaria a vida dela melhor e o pai das minhas irmãs não era um homem que a ajudaria e, certamente, ela perderia a tutela dos filhos. Então, fui morar na casa de uma tia, ajudando a cuidar da minha prima, até que eu me recuperasse das fraturas e retirasse o gesso. Eu tinha um compromisso: trabalhar bem para ter dinheiro e pagar moradia e alimento. Por dois anos, após a fratura, eu trabalhei em farmácia e em um salão de festas infantis nos finais de semanas e folgava quando podia.

Era manhã de 2007, eu estava no cruzamento da Avenida República com a Avenida São João, no semáforo, entregando panfletos, quando fui abordada pelo proprietário de um bar muito famoso da Avenida São João. Naquela época, as contratações eram fáceis, então ele perguntou: "Você já trabalhou em bar?". Eu disse que não e ele me perguntou quanto eu recebia entregando panfletos e eu respondi: "Trinta reais por dia e, se tiver todos os dias, recebo um bom valor na semana". O semáforo estava abrindo, quando ele disse, apontando para um bar: "Se quiser fazer *freelance* em bar, ajudando o garçom, você vai ganhar o dobro disso". E foi embora.

Naquele dia, às 16h, eu fui ao bar e perguntei se tinha vaga para ajudante. O dono do bar, que estava a alguns metros de distância, me viu, pediu que liberasse minha entrada e me perguntou: "O que você faz aqui hoje?", e eu respondi: "Você falou da vaga de *freelancer* e eu vim". E ele respondeu: "Mas hoje você já trabalhou! Por que não vai para casa descansar e amanhã você volta?". Eu disse a ele que, como já estava ali, poderia fazer um teste. Ele aceitou.

O gerente do bar me deu um uniforme e orientou para que eu tomasse um banho e comesse. Que alívio saber que eu não teria que pagar por comida. Eu estava saltitando de alegria, afinal eu tinha 17 anos e não me sentia cansada facilmente, e tudo o que eu desejava era uma oportunidade. Eu nunca havia trabalhado em um bar, mas sabia manobrar uma bandeja, pois eu tinha aprendido no bufê. Quando percebi o número de funcionários e constatei que se tratava de um bar grande, sempre muito cheio, eu pensei: "É aqui que quero trabalhar, para ver pessoas diferentes todos os dias. Quanto melhor eu fizer, mais oportunidades vou ter". Depois de três dias, recebi um contrato para trabalhar por três meses e não precisei mais entregar panfletos debaixo de sol e chuva. Também recebia comida todos os dias e eu sei que, quando contamos o dinheiro para passar o mês, falar sobre duas refeições diárias garantidas é uma bênção. O bar funcionava todos os dias e, além do que eu já ganhava, recebia muitas gorjetas dos clientes.

Era um pouco difícil ir embora após o fechamento, não havia transporte na madrugada, então eu dormia no bar e esperava o ônibus passar. Após dois meses, deixei de ser auxiliar de garçom e fui efetivada como garçonete. Essa oportunidade foi ótima, pois passei a fazer parte do grupo de garçons, o que aumentava a caixinha. Aprendi cada prato, tipos de bebidas, observava como se preparava o alimento na cozinha para saber o que falar ao cliente quando ele pedia sugestões de petiscos e pratos. Fui apelidada de "papa-léguas" e, às vezes, brincavam: "Essa menina é um time de futebol em campo, rápida, atende os clientes dela e dos amigos, não tira mérito de ninguém e ajuda os colegas". Eu realmente adorava tudo aquilo.

Fiz alguns cursos na área para obter mais conteúdo, pois o meu foco era a gerência. Existia uma fila de veteranos naquele bar esperando por essa oportunidade, mas faziam sempre as mesmas coisas. Houve momentos de turbulência causados pelos funcionários mais antigos, insinuações maliciosas do tipo "Garota nova e bonita, ela é boa mesmo ou dá mole para o dono?", mas com isso aprendi que não se deve gastar tempo se vitimizando, porque, de qualquer modo, você será desprezada e seu trabalho será boicotado. O importante é se manter vigilante e engolir o choro. Hoje, como presidente de uma empresa, tenho o compromisso de melhorar e aperfeiçoar recursos para 320 pessoas na indústria e, com base nessa realidade, posso afirmar que é ilusão achar que o proprietário não está percebendo o que acontece. No entanto, ele gosta de ver como você reage à situação.

Houve um tempo de deserto e, se eu havia me colocado nisso e me oferecido para cobrir férias de gerência, era esperado que fossem agir assim. Meu chefe informou para os mais antigos que a "garota nova" estava se especializando e também entraria na lista para cobrir gerente e subgerente em férias.

Empresas têm sua hierarquia, e não era o dono do bar que faria essa avaliação mais detalhada. Quando se trabalha em uma empresa com muitas pessoas, engajar, contribuir com o trabalho e ajudar os colegas era o mínimo que poderia ser feitor – e eu fazia. Por isso, os funcionários me chamavam de puxa-saco, mas eu estava tão determinada que não me importava. Claro, não sou de ferro; em casa eu gritava, chorava e sentia raiva, mas depois dormia e focava no meu objetivo.

Finalmente, o dia chegou e o gerente me escolheu. As oportunidades acontecem para quem sabe aonde deseja chegar com clareza e obstinação. E sabe por que isso aconteceu? Tenho seis porquês: eu estava lá para fechar o bar e deixá-lo pronto para o dia seguinte; eu chegava antes que o bar abrisse; eu atendia todos os meus clientes e dava suporte para os colegas; eu não peguei um centavo de ninguém; eu estudei para aperfeiçoar meu trabalho; e eu era a segunda da casa que batia meta de vendas. Às vezes, você ouve todo tipo de besteira, mas é preciso entender que isso fortalece e que os seus resultados vão falar por você sem que precise abrir a boca.

Nesse bar, eu aprendi a atender grandes eventos, para milhares de pessoas. Aprendi como elaborar um cardápio de acordo com o perfil do cliente. Aprendi discernir o que era música de uma boa música. Trabalhei na área musical, em rodeios, casamentos, em eventos da prefeitura e na comunidade. Ah, e fui gerente. Depois de sete anos, decidi que estava na hora de seguir adiante.

Comecei a receber muitas propostas para eventos externos, e o dono do bar disse que isso aconteceria mesmo. No entanto, eu só consegui descobrir esses acessos porque ele permitiu. Então, ele me disse: "Você não vai dar conta de dois trabalhos, ou fica aqui ou segue seu caminho. Avalie". Então eu disse para aquele homem que um dia me viu no semáforo que eu queria viver essa nova situação, ser empresária. Ele apertou a minha a mão e disse: "Parabéns!". E novamente ele me ajudou e me demitiu, para que eu tivesse direito a toda a rescisão.

Águias não são domésticas, então meu conselho é: seja ousada, sempre olhe o mais longe que puder, vão aparecer pessoas boas para ajudar e outras para derrubar. Se você tem fé, sempre busque em Deus tudo o que precisar e o que lhe falta.

Meu primeiro projeto foi produzir eventos para uma família conhecida em São Paulo. Organizar, planejar e acompanhar todo o projeto do início ao fim. Para quem estava iniciando, quando o cliente antecipava 50% do evento, eu tinha um desafio: preparar a decoração, os músicos, às vezes artistas renomados, e fazer assessoria de um chefe de cozinha que agradasse o público. Eram tantos detalhes, locações de louças e prataria que o cliente exigia. Nessa época, eu tinha carro um Fiat Uno, que trabalhava como carga e descarga. Um dia, fui pegar um artista no aeroporto e imagine só! Eu tive que alugar um carro executivo.

Tudo isso ocorreu em um espaço de tempo de 10 anos e aprendi muito. Eu me associava aos bufês de acordo com o caixa do cliente e foi assim que encontrei todo tipo de pessoa. Eu gostava de ouvir as ideias e os sonhos delas e buscava a essência de cada cliente para que se sentisse realizado. Aprendi com clientes que comparavam, tive ótimas indicações do meu trabalho e isso significa menos consumo de energia no preço do sonho de alguém.

Poupei para investir mais e com isso pude ter uma cozinha industrial e, além de festas, eventos corporativos, confraternizações, batizados, casamentos, coquetéis em lojas, contratos de refeição e eventos, desde a diretoria ao *call center* de uma empresa de telefonia. Em meio ao crescimento, tive diversos desafios e problemas. Houve pessoas boas que me ajudaram, mas vivi dois golpes que envolveram muito dinheiro, fiquei inadimplente e tive um dos meus restaurantes incendiados comigo dentro, mas consegui escapar.

Como seria possível hoje ter uma indústria, atender os principais clientes de perfumaria e cosméticos do Brasil se não houvesse visão, se tivesse me deixado abater ao primeiro desafio? Vivo aprendendo todos os dias, pois sou as páginas que não foram escritas na Bíblia, como testemunho vivo, em Cristo, que tudo me deu.

"As oportunidades acontecem para quem sabe aonde desejar chegar."

Chris Sampaio

Cristiane Melo

Cristiane Melo, graduada com licenciatura plena em História pela Universidade do Paraná, em 2008. Especialista em Neuropsicologia e Psicoterapia pela Faculdade de Ciências da Bahia, Psicanálise pela Sociedade Psicanalítica do Brasil.

Palestrante e mentora em inteligência emocional e analista comportamental efetivo, método EVO. Voluntária como professora no curso de Capacitação de Destino pela PIB do Brasil e líder de mulheres cristãs.

Atua como psicanalista clínica com experiência em psicanálise infantil, na área de transtornos de comportamento e transtornos do neurodesenvolvimento, e funcionária pública em gestão no almoxarifado.

eusoucristianemelo

cristianemelo

cristianemelocoach@gmail.com

Cristiane Melo

eusoucristianemelo

Determinadas a brilhar

MULHERES QUE INSPIRAM E TRANSFORMAM

10 INTELIGÊNCIA EMOCIONAL: EQUILIBRANDO EMOÇÕES PARA O SUCESSO

Por Cristiane Melo

Este capítulo tem como objetivo o estudo da inteligência emocional: equilibrando emoções para o sucesso, tomando como foco os transtornos existentes na contemporaneidade e no ambiente familiar, no qual a mídia ressalta a fragilidade feminina e que tem como consequência o feminicídio.

Busca-se o PhD Daniel Goleman, pai da inteligência emocional, para confrontar o conceito de que o ser humano tem duas mentes: a racional e a emocional, e que juntas são capazes de se movimentar para o destino, estabelecendo que o ser humano é capaz de pensar de forma inteligente, conquistando seus sonhos.

Estuda-se o impacto da violência doméstica no âmbito pessoal e social, cujas impossibilidades dificultam o entendimento do comportamento do sujeito e o seu tratamento. Quando o indivíduo não é capaz de identificar a etiologia das emoções, os seus sentimentos fazem surgir agressividade, impedindo a aplicação da inteligência emocional.

Trata-se de uma abordagem metodológica, com base na pesquisa bibliográfica do tipo qualitativa, através da revisão sistemática de literatura, analisando a teoria revolucionária de Goleman, que redefine o que é ser inteligente.

Como resultados e discussões do estudo da emoção e dos sentimentos, enfatiza-se que as emoções são geradas no inconsciente, que ao longo do tempo são transformadas em sentimentos conscientes. Conclui-se que alguns sentimentos são nefastos e duradouros, impossibilitando a aplicação da inteligência emocional e impedindo a conquista do sucesso.

Como uma mulher pode ser bem-sucedida na sociedade em geral se não houver uma boa dose de dedicação, esforço e disciplina?

Qual a utilidade dos sentimentos e das emoções na vida diária de uma mulher?

Como a inteligência emocional vai auxiliar os processos intelectuais, ao longo da vida, nas relações interpessoais?

Existem habilidades a serem desenvolvidas para a consecução da inteligência emocional?

Quando o indivíduo não é capaz de identificar seus sentimentos e suas emoções com facilidade, é preciso buscar uma ajuda profissional na área da saúde mental, como um psicólogo, psicanalista, terapeuta ocupacional ou psiquiatra.

A inteligência emocional é caracterizada pela identificação da etiologia das emoções, pelo entendimento dos sentimentos com mais facilidade. As emoções surgem na infância, são inconscientes e, com o passar do tempo, apresentam sintomas de descontentamento por meio de medos e ódio, sendo posteriormente transformada em sentimentos que são conscientes. Sabe-se que os medos podem ser inatos e adquiridos, aprendidos ou condicionados.

Segundo Daniel Goleman (1995), "enquanto a inteligência emocional determina nosso potencial, para aprender os fundamentos do autodomínio e afins, nossa competência emocional mostra o quanto desse potencial dominamos de maneira que ele se traduza em capacidades profissionais". Assim, é possível lidar com as pessoas e suas emoções, compreendendo os próprios sentimentos, por meio do desenvolvimento de habilidades.

A inteligência emocional não se trata de conhecimento empírico, mas reconhece as emoções e os sentimentos por meio do seu desenvolvimento pessoal e profissional. Ou seja, o indivíduo emocionalmente inteligente é aquele que identifica as suas emoções com mais facilidade, não deixando que sejam transformadas em sentimentos.

Para responder às perguntas do estudo sobre emoções e sentimentos, uma mulher pode ser bem-sucedida na sociedade em geral com uma boa dose de dedicação, esforço e disciplina. Para isso, devem ser supridas suas necessidades fisiológicas que, segundo Maslow, está na base da pirâmide. Assim, deverão ser saciadas a fome, a sede, a respiração, a excreção, o abrigo e o sexo. Na pirâmide de Maslow existem também etapas de hierarquia das necessidades, tais como as fisiológicas, a de segurança, as sociais, a de *status* ou estima e a de autorrealização.

A necessidade de autorrealização está no topo da pirâmide no qual o indivíduo alcança o tão sonhado sucesso. De acordo com os teóricos, torna-se necessário aproveitar todo o potencial adquirido ao longo da vida. Utilizando a inteligência emocional, o sujeito autorrealizado consegue, por meio de suas experiências, chegar ao autocontrole de suas ações, em virtude de uma independência adquirida profissionalmente e, assim, com a estabilidade financeira, torna-se capaz de fazer tudo aquilo que gosta e que lhe satisfaz.

Segundo Maslow, às necessidades de autorrealização foram adicionadas mais duas necessidades classificadas como "necessidades cognitivas", a saber: conhecer e compreender o mundo à sua volta (a natureza, a sociedade e como o universo funciona) e a satisfação estética. Para atingir o sucesso pessoal, o indivíduo busca a perfeição, a simetria, a arte e a beleza em geral, ou seja, o homem busca o padrão de beleza vigente na sociedade.

Segundo Wolff, a palavra "emoção" significa movimentação, agitação do organismo. Observando o dito popular, a mulher é mais emoção do que razão. Ela cuida do lar, trabalha fora, faz várias coisas ao mesmo tempo e é considerada sexo frágil. Em virtude disso, entende-se que a afirmativa é referente a uma mulher saudável.

A máxima "sexo frágil", serve para reforçar o conceito patriarcal no qual a mulher foi inserida dentro de uma lógica de relação de poder que aparece no imaginário social apesar das diferenças anatômicas entre os corpos, sugerindo a necessidade de submissão aos homens. Erasmo Carlos fez uma homenagem especial à mulher na sua composição Mulher (sexo frágil), em 1981.

"Dizem que a mulher é um sexo frágil,
Mas que mentira absurda!
Eu que faço parte da rotina de uma delas
Sei que a força está com elas..."

(Erasmo Carlos, 1981.)

Há eventos extremos, ao longo da história, como epidemias, fome e escravidão. É tudo por conta do homem ser dotado de um hormônio masculino, a testosterona, que lhe dá a chance de se envolver em condições perigosas e que podem levá-lo à morte.

A mulher, dotada do hormônio feminino estrogênio, que está ligado às ações anti-inflamatórias e de proteção dos vasos sanguíneos, não se submete a comportamentos de risco, aumentando assim a expectativa de vida delas, além de serem capazes de suportar dores físicas mais fortes, tais como dores do parto, endometriose, enxaqueca, menstruações e fibromialgias.

> Emoção é uma interferência no equilíbrio do indivíduo. Quando o indivíduo se confronta com o perigo surge o medo, que o força, de imediato, a uma nova adaptação. Um estímulo repentino provoca reação de surpresa ou sobressalto. Quando o indivíduo está com raiva ou dor, perde a cabeça e o controle. (Wolff, 1956)

Existem momentos em que a mulher passa por um choque emocional que a paralisa e, muitas vezes, a faz perder a cabeça. Para isso, na psicoterapia orienta-se o exercício respiratório, para que ela encontre uma válvula de escape, conduzindo-a à adaptação da realidade, tendo em vista que não se pode manifestar uma insatisfação com uma agressão.

A inteligência emocional auxilia nos processos intelectuais ao longo da vida e nas relações interpessoais, pois essa ferramenta auxilia a identificar as emoções com mais facilidade, tornando a pessoa mais capaz de se automotivar mesmo diante das frustrações e desilusões.

Grande parte dos estudiosos do comportamento humano considera a inteligência emocional mais importante do que a inteligência mental, conhecida por QI. Para alcançar um objetivo, o controle das emoções e dos sentimentos é um dos principais elementos para o sucesso pessoal e profissional.

De acordo com Daniel Goleman, a inteligência emocional é estudada por meio de cinco pilares, que são: conhecer as próprias emoções; controlar as emoções; automotivação; empatia; e lidar com as próprias emoções. Quando o sujeito conhece as próprias emoções, isso diz respeito ao seu autoconhecimento, no qual são analisadas as suas emoções e atos como respostas aos estímulos. O gerenciamento das emoções é controlado após o entendimento delas. É o momento de trabalhá-las, anotando a forma dos sentimentos. Sobre a percepção da automotivação, o indivíduo aprende a fazer o seu controle através do raciocínio, antes de tomar qualquer decisão. A empatia é quando o sujeito se coloca no lugar do outro.

> A consciência das emoções é o fator essencial para o desenvolvimento da inteligência do indivíduo. Ao controlar as emoções é importante entender a diferença existente entre os dois conceitos: autopercepção e heteropercepção. A autopercepção refere-se ao que entendemos e percebemos. A heteropercepção

> diz respeito ao modo como os outros enxergam a mesma situação. Muitas vezes, através das primeiras, achamos que nosso modo de agir é assertivo. No entanto, pessoas ao nosso redor podem interpretar nossas ações como as de uma pessoa ríspida. O que as pessoas enxergam não é necessariamente o que você pensa. (Goleman, 2012)

Para o desenvolvimento das habilidades na consecução da inteligência emocional, é necessário adquirir conhecimentos específicos sobre si e os outros a sua volta. É preciso saber lidar com as pessoas e suas emoções para compreender os próprios sentimentos, visando ao desenvolvimento pessoal e profissional.

Este capítulo teve como objetivo o estudo da inteligência emocional: equilibrando emoções para o sucesso, para que as pessoas se capacitem utilizando essa ferramenta para descobrir sua identidade.

O mundo é constituído de muitas possibilidades de escolhas, temos liberdade para isso, porém o segredo do sucesso está no domínio das emoções, extirpando os sentimentos negativos por meio da orientação de um profissional na área PSI (psicólogo, psicanalista ou psiquiatra).

Referências:

BASTOS, Claudio Lyra. *Manual do exame psíquico*: uma introdução prática à psicopatologia. Revinter, 2000.

CID-10: Classificação de transtornos mentais e de comportamento da CID-10. Porto Alegre: Editora Artmed, 1993.

ELIAS, Maurice J. & colaboradores. *A adolescência e a inteligência emocional.* Rio de Janeiro: Editora Objetiva, 2001.

GOLEMAN, Daniel. *Inteligência emocional:* a teoria revolucionária que redefine o que é ser inteligente. Rio de Janeiro: Editora Objetiva, 2012.

KENDEL, Eric; SCHWARTZ, James. *Princípios de neurociências.* Porto Alegre: Editora Artmed, 2000.

MASLOW, Abraham. *Maslow no gerenciamento.* Rio de Janeiro: Qulalitymark, 2000.

NOLTE, John. *Neurociência.* Rio de Janeiro: Editora Elsevier, 1991.

TAIBBI, Robert. *Fazendo a terapia familiar:* habilidade e criatividade na prática clínica. São Paulo: Editora Roca, 2016.

WOLFF, Werner. *Fundamento da Psicologia.* São Paulo: Editora Mestre Jou, 1956.

"As reações emocionais não devem ser lógicas, são inconscientes. O homem, armazenando emoções, transforma-as em sentimentos conscientes."

Cristiane Melo

Debora Martini

Olá! Seja muito bem-vinda! Eu sou a Debora Martini, mas você pode me chamar de Debo. Sou mãe, esposa, terapeuta e treinadora mental. Graduei-me em fisioterapia em 2012 e, desde então, dedico meus dias a compreender a integração entre a mente, o corpo, as emoções e todo o processo energético que nos envolve.

Com formações na área holística e integrativa, como hipnoterapia, *coaching*, programação neurolinguística e cursos direcionados à reprogramação mental e energética, meu trabalho consiste em ajudar você a transformar sua mente em uma ferramenta poderosa de realização e bem-estar. E existe um ponto-chave no processo: a quietude e a reconexão com sua mente mais profunda, que são possíveis por meio da meditação e de práticas integrativas.

deboraa.martini

www.deboramartini.com

11 MEDITAÇÃO E CONTROLE MENTAL NAS MULTITAREFAS

Por Debora Martini

Algo chamou você para ler este livro. Talvez você busque um centramento em meio à agitação que você vivencia nas áreas da sua vida e que pode estar relacionada ao campo pessoal, à saúde, ao relacionamento e ao profissional, procurando um ponto de descanso em meio a tantos estímulos. Algo chamou você para esta leitura e eu quero ajudá-la a compreender o porquê.

Apesar de ser uma "meditante" há sete anos, minha história contém percalços com a prática e com a famosa paz interior. Ao longo de toda a minha vida, me vi como uma pessoa ansiosa, uma menina e adolescente agitada e reativa. Somado a isso, eu duvidava constantemente de mim, do meu merecimento e capacidade, o que gerava um turbilhão de pensamentos conscientes e inconscientes que minaram meu modo de sentir e meu comportamento.

Mas vamos voltar à meditação: em 2017, minha filha mais velha nasceu. Era meu sonho de vida ser mãe, mas ser mãe não foi o mar de rosas que eu esperava. Lidar com o fato de ter um pequeno ser 100% dependente de mim, ficar longe das obrigações antigas, além de muitos outros fatores, aumentou meus sintomas emocionais. Nesse momento, busquei livros e encontrei um de meditação. Decidi meditar, mas o meu primeiro contato com a meditação durou menos de dois minutos. Eu dava várias olhadelas para o *timer* para garantir que meu celular ainda funcionava e o tempo estava passando. Foi um verdadeiro caos – nada além do esperado.

Eu não desisti. Praticava um dia sim outro não, como um medicamento que tomava em pequenas doses. Isso foi permitindo que minha mente fosse se acalmando, meus pensamentos se tornassem mais claros e meu emocional, mais leve. E, assim, fui me reconectando e me reconhecendo.

O tempo passou e 2021 chegou. Neste ano, mudei de casa, nasceu meu segundo filho, estávamos abrindo uma nova empresa e decidi vender minha clínica de fisioterapia. Foram muitas mudanças adoráveis, mas que despertaram dores profundas referentes ao meu passado que, até então, estavam adormecidas no porão da minha mente. E isso acontece com todos nós. Nossa mente tem duas principais partes: o consciente (o andar principal da casa) e o inconsciente (o porão, onde armazenamos tudo que vivemos, pensamos e sentimos, mas que, muitas vezes, esquecemos) e eles funcionam sem que a gente tenha controle, especialmente o porão da mente.

Não sei se você sabe, mas temos cerca de setenta mil pensamentos diariamente e, destes, temos consciência de pouco mais de 5%. Pesquisadores dizem que cerca de 80% deles são inúteis. Isso significa que você pensa o tempo todo, e isso é natural. Por essa razão, não espere parar de pensar ao praticar a meditação, a mente não para. O que fazemos na meditação é organizar os pensamentos, trazendo clareza ao pensar e leveza no sentir e agir.

Após todas as mudanças desejadas em 2021, eu tive depressão, crises de pânico, ansiedade e um diagnóstico de *burnout*, que foi a gota d'água. Eu precisava desacelerar e reconectar minha mente com um ponto minimamente saudável de equilíbrio. E foi aí que, em meados de 2023, eu voltei toda a minha atenção para a meditação.

Nós vivemos em um mundo tão agitado, corrido, acelerado e que também nos cobra agilidade e velocidade, que parar para respirar, com calma, parece ser uma tremenda perda de tempo, mas, na verdade, é um tremendo ganho de vida.

Ah! Eu nem citei a cobrança interna. Quantas vezes você duvidou da sua capacidade, se sentiu ansiosa, insegura ou sabotou seus resultados de alguma maneira, seja brigando com alguém, seja comendo escondida? Essa cobrança interna tem uma origem: o porão da sua mente. Lá, escondido, muitas vezes, habita uma crença limitante que tem origem em algum momento do seu passado no qual você se sentiu, de certa forma, limitada ou insegura. Pode ter sido, por exemplo, quando quebrou um copo, ao tentar lavar a louça, e ouviu um "você não faz nada direito". Isso reverbera até hoje no porão da sua mente. O problema do que está no porão é que ele ecoa por toda a sua mente junto com os setenta mil pensamentos diários, influenciando você. Por isso, meditar não só traz quietude, mas também a consciência de quem você é, o que acredita sobre si mesma, permitindo a reprogramação mental.

Vamos lá: você tem uma forma de funcionar que é sua, ninguém mais no mundo é como você. Percebe como e quanto você **já é** especial? Só que, em muitos casos, a nossa mente nos desvia do olhar amoroso e nos põe em confronto com nosso ser, criando pensamentos negativos e limitantes, que geram emoções negativas e comportamentos na mesma linha. Aí você soma o caos interno com o caos externo, agita tudo e o resultado é ansiedade, medo, preocupação, estresse, insônia e até mesmo doenças físicas. Nós somos seres integrais, não há separação entre a mente e o corpo, e quando a mente está sobrecarregada de preocupações e memórias, o físico mostra, tal qual um espelho, que precisamos nos reorganizar.

E aqui entra a meditação. Ao organizarmos nosso interior, ao aprendermos a lidar com nossos pensamentos e crenças, mudamos a nossa realidade externa, nossas relações e nossos resultados. A vida muda, fica leve e clara, como deveria ser sempre. Lidamos melhor com os desafios do dia a dia, com diferenças, com pessoas e preocupações, encontramos respostas mais facilmente e sem resistências.

Vamos a um exercício prático, agora mesmo. Leia as instruções e depois faça, não vai levar nem cinco minutos, prometo. Busque um lugar confortável e se sente. Feche os olhos e apenas se concentre na sua respiração. Vá se concentrando apenas na sua respiração, contando 1, quando inspirar, 2, ao expirar, 3, ao inspirar... e assim por diante até chegar ao número 20. Vamos começar com 20, mas pode ir até 30 ou mais, se quiser. Faça isso e veja como você se sente após a prática.

Parabéns, você meditou! Por poucos minutos e muito mais do que eu na primeira prática. É possível que essa não seja a sua primeira vez, mas se foi, é uma honra conduzi-la nesse processo. Esse é um exercício simples de conexão e prática de meditação, que vai permitir, com treino, que você reduza a tagarelice mental, desenvolva maior clareza e melhore e transforme a sua vida. E você percebeu que não foi necessário encontrar uma montanha tibetana, um incenso nem mantra para meditar, não é? Já que falei sobre incenso e mantra, aí vai uma sugestão: praticar a conexão e a quietude mental é treino e vai exigir dedicação e foco, principalmente no início; portanto, se você quiser colocar um mantra, uma música relaxante ou uma frequência hertz, será uma alternativa leve que vai auxiliar muito no foco e na atenção durante a prática. O incenso, um tapetinho ou almofada também são bem-vindos para tornar sua prática ainda melhor.

Lembra que contei dos meus diagnósticos, lá no início? O que me tirou do abismo da negatividade foi a meditação. Apesar de ser terapeuta, administrar meus pensamentos e, por consequência, minhas emoções, a meditação foi a forma mais eficaz de lidar com o processo e sair dele. A ansiedade e a depressão, assim como o *burnout*, derivam de um sistema nervoso hiperestimulado e isso pode ser resultado do excesso de pensamentos que acumulamos. Ao meditar, focamos em apenas uma coisa: na respiração, no mantra, em uma afirmação, em uma paisagem, porque a mente é incapaz de focar em várias coisas ao mesmo tempo. Ao meditar, você delicadamente leva a sua própria atenção, sua consciência – o andar principal da casa, lembra? – para o presente. No presente, no aqui e no agora, nada está acontecendo, você apenas está no aqui e no agora, lendo este capítulo e absorvendo estas informações, e qualquer pensamento que sua mente lhe apresente é apenas uma distração, um eco vindo lá do porão dela. Apesar disso, se você levar a sua atenção para a respiração, por exemplo, você acaba ignorando os pensamentos limitantes, eles simplesmente se dissipam.

Com a prática, vai ficando cada vez mais leve e fácil sentir a leveza e a paz que a meditação proporciona. E, com o tempo, você vai se tornando capaz de agir no lugar de reagir, de escolher pensamentos mais elevados e condizentes com seus objetivos, de entender, por exemplo, que sua colega de trabalho só está em um dia ruim ou brigou com o namorado – e não odeia você porque "você é isso ou aquilo", como você costumava pensar.

Além de sentar-se e focar na respiração ou ouvir mantras, você pode meditar ao focar em uma afirmação positiva, como a frase "eu sou incrivelmente amada por Deus", ou "eu sou próspera em todas as áreas da minha vida". Isso vai reprogramar sua mente – que é a sua forma de pensar –, pois as nossas programações mentais, as nossas crenças, formam-se por repetição e impacto emocional. Ao meditar, você baixa suas barreiras mentais e influencia sua mente com uma nova e potente forma de pensar e ser. Experimente isso: escreva frases positivas e repita-as, várias vezes, após um breve momento de conexão com a respiração.

Faça isso por alguns dias, usando a mesma afirmação; perceba como você vai se sentindo ao longo dos dias – sugiro de sete a vinte um dias.

Também quero sugerir a você que pratique a contemplação, que consiste em observar algo, uma paisagem, imagem, seu marido com seus filhos ou quando estiver cozinhando no sábado à noite para vocês. A natureza, as crianças brincando, a folha caindo, o céu. Apenas observar, sem julgar, sem concluir nada: contemplar. A contemplação é uma forma mais ativa de meditação, pois você foca em algo real, presente na sua vida, e consegue ver tudo de uma maneira mais leve e grata.

Eu a convido para acessar algumas meditações guiadas que preparei para você, leitora, chegar mais fundo no poder manifestador e curativo da sua própria mente. Acesse pelo link: www.deboramartini.com/meditacoesguiadas.

Eu desejo, de coração, que você possa praticar a meditação, aprendendo a administrar seus pensamentos e transformar a sua vida, assim como eu fiz. Também desejo que a meditação se torne seu remédio hoje, amanhã e sempre. Que você encontre leveza no seu sentir e paz nos seus dias, que possa ser feliz e lidar com as situações da sua vida com mais confiança, amorosidade e a desejada paz interior. Com carinho e amor, Debora Martini.

"Você é o seu poder e a sua cura. Dentro de você, existe a possibilidade de curar seus medos e expandir a sua realidade por meio do poder de pensar."

Debora Martini

Emyli Campos

Olá! Meu nome é Emyli Campos, sou psicóloga clínica por vocação, orientada pela abordagem da terapia cognitiva-comportamental e estudiosa da Psicanálise. Sou *master coach*, formada pela Febracis, e carrego no coração a missão de transformar vidas. Sou uma comunicadora talentosa, com espírito amoroso e divertido.

Fui convidada pela Editora Chave Mestra a integrar seu elenco de autores independentes e, para honra e glória de Deus, espero contribuir profundamente para o despertar da sua consciência.

emylicampos.psi

+ 055 (31) 99767-3595

www.emylicampos.com.br

Determinadas a brilhar
MULHERES QUE INSPIRAM E TRANSFORMAM

12 O IMPACTO DO RELACIONAMENTO TÓXICO NA SAÚDE MENTAL E BEM-ESTAR

Por Emyli Campos

Esse capítulo não nasceu das teorias que constituem o meu saber, mas da vida que experimentei desde o ventre da minha mãe. E se minhas palavras despertarem a sua consciência e a impulsionarem a se movimentar rumo à sua liberdade emocional, então já valeu a pena tê-lo escrito.

Meus pais viviam um amor passional, portanto, por quase toda a infância, eu presenciei a violência doméstica. Às vezes, no meio da noite, eu acordava assustada com os gritos e agressões; eu me levantava, mas logo eles me mandavam voltar a dormir e, com muito medo, eu voltava para a cama e dormia sozinha. Foi assim que vivemos por anos, repetindo um padrão, e no dia seguinte era como se nada tivesse acontecido. Toda a violência era velada, até chegar o dia da próxima confusão. O relacionamento dos meus pais foi extremamente tóxico para saúde mental de toda nossa família e, principalmente, para nós, filhos, que constantemente nos sentíamos impotentes, inseguros e culpados.

Quando completei 7 anos, minha mãe finalmente se posicionou e pediu o divórcio, com isso cessaram-se os gritos e as confusões dentro de casa. Porém, com o passar do tempo, fui invadida pelo sentimento de abandono devido à ausência paterna. Além disso, com a separação, minha mãe se viu obrigada a mergulhar no trabalho para nos sustentar. Foi quando também tive que ficar distante dos meus irmãos, que se mudaram para casa de parentes. Eu me sentia muito sozinha e não queria dar trabalho para minha mãe, então o meu amadurecimento foi precoce. Vulnerável, aos 9 anos, pelo trauma do abuso sexual, fui traída pelas amiguinhas, que confabularam com um plano diabólico do irmão mais velho, enquanto brincávamos de "esconde-esconde".

Naquele momento, sob forte impacto emocional, eu senti muita raiva, humilhação, vergonha e culpa. Jurei que nunca mais ninguém iria me enganar daquela forma. Carreguei a sensação de que havia algo errado comigo, de que eu não era normal, me sentia suja e estragada. Por isso, eu me comparava com outras mulheres e me sentia inferior e suja. Então, por puro mecanismo de defesa, desenvolvi a necessidade de agradar compulsivamente. Passei a vestir a máscara da boazinha para ser aceita e me moldar às expectativas das pessoas ao meu redor, até que me tornei uma presa fácil para qualquer tipo de manipulação. Eu era viciada e não sabia.

Quando falamos em vícios, é comum pensarmos em drogas ilícitas ou álcool. Contudo, existem também os vícios emocionais, que estão sempre conectados aos sentimentos negativos, que sentimos repetidas vezes na infância, como insegurança e medo do abandono que vivenciei, repetidas vezes, durante toda minha infância.

O meu vício em agradar se deu pela minha necessidade de aceitação e aprovação dos outros para preencher um vazio interior. Com o intuito de obter o amparo, a segurança e o vínculo afetivo com outras pessoas, eu aprendi a me submeter, muitas vezes, a situações desagradáveis.

Assim, inconscientemente, escolhi viver a repetição do padrão familiar da minha mãe e avós, aprendi o conceito equivocado da submissão e, para ser uma boa esposa, vivi a religiosidade. Eu acreditava que era normal, como esposa, tolerar as críticas, as represálias e uma necessidade exagerada de controle do meu marido. Eu não sabia dizer não e muito menos estabelecer limites, eu não me posicionava e, assim, alimentava o vício da insegurança, medo e culpa que vivenciei na infância. Para proporcionar segurança para o meu filho e conservar o casamento com o meu tão idealizado marido, fiz inúmeras concessões que violaram os meus limites pessoais, até que me perdi de mim.

Entenda que, se você precisa se diminuir, se reprimir e se machucar para caber no seu relacionamento, avalie se existe saúde no amor que te faz permanecer na relação. O verdadeiro amor não aprisiona, liberta! O amor não está nas idealizações que fazemos sobre o outro, está quando enxergamos o outro para além das nossas expectativas, ilusões e, ao conhecermos a sua realidade, escolhemos ficar na relação.

Um relacionamento tóxico pode ser definido como aquele que afeta nossa saúde mental, emocional e física, reduzindo drasticamente a nossa energia e transformando nossa alegria em temores. Você pode vivê-lo em outros contextos, mas, aqui, vou me ater aos relacionamentos conjugais recheados de pressões psicológicas, ameaças, assédios e aos casamentos pautados pelo desrespeito, sarcasmos e até agressões físicas. O mais intrigante é que a maioria das pessoas que vive esse tipo de relação não consegue perceber o quanto ela é prejudicial para a saúde mental de ambos os envolvidos.

Pense comigo: não é só o desejo pela droga que define o viciado, mas a sua incompetência para abster-se ao consumo dela, ou seja, o que define a dependência emocional não é o desejo pelo outro, e sim a incapacidade de renunciar à fonte de segurança que o outro supostamente oferece. Eu soube que estava ausente de mim quando tive consciência de que meu relacionamento era nutrido por sentimentos tóxicos, mas me via incapaz de quebrar o elo da dependência emocional. Eu me isolei e mergulhei na mais profunda escuridão da minha alma, estava aprisionada nas lembranças dolorosas do meu passado. Se antes papai e mamãe me abandonaram emocionalmente, agora eu mesma é que estava me abandonando.

A depressão me roubou a alegria de viver, sofria dores psicossomáticas na coluna e fiquei, literalmente, paralisada na cama por três dias, até que pedi ajuda para uma grande amiga. Ela me orientou a ir para o Método CIS, no Rio de Janeiro, e eu fui, mesmo sem ter a menor ideia do que se tratava. Eu me entreguei por sessenta horas de imersão na metodologia do *coaching* integral sistêmico, criada pelo Paulo Vieira. Profundamente impactada, a minha consciência se expandiu para um mundo de possibilidades, ali percebi que tudo que estava acontecendo comigo era fruto das minhas crenças disfuncionais, e isso foi um grande divisor de águas na minha vida. Além disso, entendi que eu era a única responsável pela vida fracassada da qual me queixava, seja por ação, seja por omissão. As sementes que ali foram lançadas nunca mais pararam de germinar e frutificar, simplesmente porque eu me responsabilizei pela minha história.

Confesso que não é fácil. Não se iluda. Vai doer, você vai chorar e vai pensar em desistir, algumas vezes. Afinal, acordar para quem você é requer desapego de quem você imagina ser, mas com o tempo você acaba se apaixonando pelo processo de transformação.

Mesmo após a imersão no Método CIS, eu ainda me sentia como se fosse uma mulher roubada de mim e que ainda buscava por qualquer olhar mais afetuoso que me devolvesse a dignidade. A diferença é que agora eu era consciente dos meus padrões disfuncionais e estava munida de técnicas que aliviariam os meus sintomas e fortaleceriam a minha autoestima. Se antes eu era uma vítima sofredora e resmungona, agora eu havia acessado o poder da autorresponsabilidade e estava decidida a ser a protagonista da minha nova vida.

A nossa identidade está intimamente ligada à nossa verdade pessoal e isso ultrapassa quem os outros imaginam que somos. Sendo assim, nossos vínculos afetivos devem nos encorajar a ser quem verdadeiramente somos. Entendi que ao afirmar quem sou há uma infinidade de negações latentes que definem quem eu não sou, ou seja, quando me conheci de verdade, comecei a me amar e me respeitar. Ser amada é maravilhoso, mas escolher se amar, incondicionalmente, supera todas as expectativas.

No entanto, para evoluir na jornada, tive que perdoar toda ação maldosa das pessoas que um dia confiei, para me libertar das minhas feridas emocionais que permaneciam expostas e desencadeavam emoções que me aprisionavam na dor do meu passado. Assim que fui adquirindo autoconfiança, passei a sustentar as minhas verdades pessoais e me tornei segura para me posicionar e passei a viver um encontro de qualidade nos relacionamentos que escolho permanecer. Hoje, sei quem sou, o que eu faço e o que eu mereço, sou uma mulher devidamente posicionada vivendo o meu propósito.

Quero mais da sua atenção agora: vejo que muitas mulheres vivem a vida sem saber a diferença entre insistir e persistir, sendo que a diferença básica está no desgaste emocional. Vamos lá! Quando o mundo externo dá claros sinais de que algo não vale mais a pena, mas, por teimosia e pela falta de amor-próprio, você escolhe, por exemplo, continuar num relacionamento tóxico e sofrer até o completo esgotamento emocional, isso é insistir. Quando, mesmo com dificuldade, você tem energia e os seus olhos brilham, tem determinação e, acima de tudo, tem alegria, isso é persistir. Mas cuidado para não se enganar, achando que está persistindo quando, na verdade, está insistindo em permanecer na dor. Não caia na armadilha de acreditar que o amor tudo suporta.

Sintetizando, cada vez que você insiste em quem a desvaloriza você vai aos poucos desistindo de si mesma e isso é uma violência silenciosa que deteriora a sua saúde mental. Não romantize, você merece se sentir amada e respeitada na relação. Mas, veja bem, não estou dizendo que todo relacionamento tóxico está fadado ao fracasso, até porque eu creio na restauração das pessoas e dos casamentos, desde que ambos se permitam viver aliançados ao amor de Deus.

Aprender a cultivar uma relação saudável consigo é o que a torna apta a estabelecer relacionamentos saudáveis com as pessoas; portanto, estabeleça um compromisso consigo mesma e priorize o autocuidado, incluindo hábitos saudáveis de sono, alimentação e exercícios físicos. Para se priorizar, é necessário estabelecer limites claros, aceitar suas imperfeições, valorizar sua singularidade e, por fim, estabelecer metas realistas em sua vida nas áreas que você deseja melhorar. O seu bem-estar importa muito para mim. Vamos cuidar dele juntas?

Eu convido você a embarcar no desenvolvimento do seu amor por si mesma, lembrando que se priorizar não é egoísmo, mas um ato de respeito por si. Você pode entrar em contato comigo agora mesmo, eu quero pegar na sua mão e conduzi-la na sua jornada, priorizando o seu bem-estar e a sua saúde mental.

Por fim, quero deixar no seu coração uma verdade absoluta sobre a nossa vida. Somos filhas do mesmo Pai. E Ele a conhece pelo seu nome, mesmo em meio a oito bilhões de pessoas que habitam este planeta, porque, antes de formá-la no ventre da sua mãe, Ele já a conhecia e tinha planos perfeitos para sua vida.

"Acordar para quem você é requer desapego de quem você imaginava ser."

Emyli Campos

Franscielle Souza

Sou Franscielle Souza, resido em São Roque (SP), com meu esposo Jhonatas.

Sou mentora, empresária e professora. Formada em Pedagogia, com MBA em Comunicação e Marketing e pós-graduada em Psicologia Positiva e *coach*. Ex-funcionária pública, fiz uma transição de carreira aos 30 anos.

Acumulei mais de quinhentas mil visualizações no meu canal do Youtube no ano de 2024. Atualmente, tenho mais de 1.150 alunos e mentoreados.

Superei a ansiedade e a depressão por meio do autoconhecimento, do empreendedorismo e de uma vida com Deus. Hoje, me sinto feliz e realizada no que faço e entendi que o meu propósito é ajudar as pessoas por meio do ensino.

franscielle.pro

Franscielle Souza

13 TRANSIÇÃO DE CARREIRA: DESAFIOS E RECOMPENSAS

Por Franscielle Souza

Fazer uma transição de carreira não é uma decisão fácil. Do ponto de perceber que é preciso mudar para o ponto da mudança, de fato, o processo é cheio de altos e baixos, com muitas dúvidas, incertezas e medo.

Aos 30 anos, pedi exoneração do cargo público que ocupava e decidi abrir a minha própria empresa. A decisão foi tomada aos 30 anos, mas a percepção de que a minha vida precisava de mudanças aconteceu aos 27. Foram três anos me preparando para me libertar de um trabalho que me aprisionava, que me deixava infeliz e que não me trazia perspectiva de crescimento. Procrastinava a decisão porque eu não sabia quem era, o que queria e quais eram os meus sonhos. Uma das únicas coisas concretas que tinha na vida e que me trazia segurança era o fato de ser concursada. Essa era a minha zona de conforto. Então, como abrir mão?

Às vezes, nosso cérebro nos sabota e nos faz ficar em um lugar que é conhecido, mas ruim, em vez de nos permitir que nos aventuremos no desconhecido e viver uma vida extraordinária.

Eu me sabotei durante sete anos trabalhando como professora do Ensino Fundamental. Já no primeiro ano, sabia que não era aquilo que queria fazer pelo resto da vida. Mas, na minha cabeça, não podia sair dali. Tinha orado a Deus por aquele trabalho, precisava do dinheiro para pagar meu casamento, apartamento e os boletos que chegavam todos os meses. Durante todos os anos que trabalhei, lutei contra esse sentimento de culpa. Sentia-me culpada por não estar feliz por ter um trabalho, sendo que havia tantas pessoas desempregadas (como se a culpa do desemprego no mundo fosse minha), culpada por ter passado em um concurso que era concorrido, que muitas pessoas queriam e eu não queria mais.

Meu Deus, como a gente sabota nossos sonhos... Com o passar do tempo eu nem me reconhecia mais. Estava triste o tempo todo, fazia o meu trabalho muito bem-feito, mas só pensava na hora de ir embora. Contava os dias para chegar o final de semana e as férias. Sentia um vazio gigantesco que nada preenchia. Tive crises de pânico, ansiedade e um início de depressão. Cheguei ao fundo do poço. Quando achei que não sobreviveria, Deus, em sua infinita bondade, teve misericórdia de mim.

Dos 27 até os 30 anos, passei por um processo doloroso de autoconhecimento. Sim, se você quer fazer uma transição de carreira, vai precisar passar por esse processo também. A definição de sucesso que conhecia era ter um emprego estável que não pagasse tão mal, ter casa própria, um bom carro e viajar de vez em quando. Tinha chegado a esse "sucesso" aos 27 anos. Então, por que nada disso me preenchia? Se essa era a definição de sucesso, por que eu não me sentia bem-sucedida?

Essa geralmente é a primeira pergunta que fazemos quando percebemos que é necessário a transição de carreira: "Por quê?".

O porquê provavelmente está ligado a dois fatores:

1- Realização profissional.

2- Reconhecimento financeiro.

Realização profissional

Nós decidimos o que vamos fazer para o resto da vida cedo demais. Aos 17 anos, precisamos pensar em qual profissão vamos seguir, como se isso fosse uma decisão definitiva. Em um momento que não entendemos nada sobre a vida ainda, que nem nos conhecemos direito, tomar essa decisão é um tanto quanto pesada.

Em uma conversa com a minha irmã mais nova, ela me disse que queria escolher algo que amasse fazer como profissão para que não passasse pelo que eu passei (ela estava se referindo à minha transição de carreira aos 30 anos). Ouvi atentamente o que ela estava dizendo e respondi que talvez o que ela ama fazer aos 13 anos não será o que ela amará fazer aos 30. Que, provavelmente, a vida vai exigir dela coragem para recomeçar muitas vezes, assim como eu tive, aos 30 anos, na minha transição profissional. Expliquei que a transição foi a melhor coisa que aconteceu na minha vida, porque hoje sou completamente realizada no que faço e sei exatamente a definição de sucesso para mim.

Acredito que essa conversa tenha sido complexa demais para uma menina de 13 anos, mas espero que ela se lembre disso quando a vida exigir dela coragem para recomeçar.

A questão é: quais são os critérios que usamos para escolher a nossa profissão aos 17 anos? *Status* social? Dinheiro? Segurança?

Posso dizer que a maioria se baseia em um desses critérios e é influenciada pela família a seguir uma carreira que, muitas vezes, não teve a chance de se perguntar se era realmente aquilo que queria. A verdade é que deveríamos ser incentivados a olharmos para dentro. Entender os nossos dons e talentos poderia nos fazer chegar a uma melhor decisão na escolha da profissão.

Existe uma passagem bíblica que eu gosto muito, que fala da figueira no meio das videiras. A parábola diz o seguinte:

> Um certo homem possuía uma figueira plantada em sua vinha, mas ela não dava frutos. Foi falar, então, com aquele que cuidava da vinha para que a cortasse fora, afinal fazia três anos que ele procurava por frutos nela e não encontrava. O viticultor respondeu, pedindo que deixasse ali por mais 1 ano. Ele iria adubar e cuidar daquela árvore, e caso em 1 ano ela continuasse sem frutos, ela seria cortada. (Lucas 13:6-9)

Quantas vezes não nos sentimos como essa figueira? Deus nos fez para dar figos e insistimos em querer dar uvas. Não adianta forçar. Um limoeiro dá limões, uma figueira dá figos, uma videira dá uvas. Então, convido você a refletir sobre isso. Tire um momento entre você e Deus e questione: "Onde estou agora é o lugar onde deveria estar?".

Você só vai se sentir realizada profissionalmente quando estiver ocupando o seu espaço no mundo.

Reconhecimento financeiro

Descobrir o seu espaço no mundo é um passo importante, mas não podemos negar que reconhecimento financeiro também é.

Quando eu era professora, tinha um salário que era sempre o mesmo. Não havia perspectiva de crescimento, não tinha como ganhar mais do que aquilo. Quando imaginava a minha vida depois de 10 anos, não conseguia ver nada de diferente. Isso batia de frente com os meus sonhos e objetivos. Eu queria trocar o meu apartamento por uma casa, queria fazer viagens internacionais, ir ao mercado sem me preocupar com o preço. Queria um estilo de vida que a escola não poderia me proporcionar.

O meu salário mal dava para pagar as contas. Raramente sobrava algo e isso era frustrante. Com o tempo, essa realidade foi pesando cada vez mais e se tornando um forte motivo para a transição de carreira.

Quando?

Podemos separar o quando em:

1- Quando começar?

2- Quando alcançar?

Comecei a fazer a minha transição de carreira quando percebi que não havia realização profissional nem reconhecimento financeiro. Eu amava ensinar, mas não no ambiente escolar. Olhei para dentro de mim e identifiquei os meus talentos. Além disso, fiz um exercício que aconselho muito que você faça. Escrevi em um papel a frase: "O que é inegociável para mim?".

Eu queria ser livre. Não queria ter chefe, não queria ficar presa a um sistema, não queria ficar presa em um lugar o dia inteiro.

Liberdade era inegociável para mim. Isso me ajudou a entender que eu tinha que empreender.

O "quando alcançar" aconteceu três anos depois. Eu e meu marido nos organizamos financeiramente. Vendemos nosso apartamento, diminuímos os nossos custos e guardamos dinheiro. Isso me ajudou a ficar mais tranquila, enquanto estava procurando exatamente o que fazer.

Como?

Saiba que mudar de carreira não é recomeçar do zero. Você carrega toda a sua bagagem das experiências anteriores que vão ajudar na nova profissão. Eu, por exemplo, fui professora por sete anos. Hoje, sou *youtuber*, tenho uma empresa de marketing digital que presta serviços para pequenas empresas e ensino pessoas a empreenderem na internet. O ensino nunca saiu de mim e uso toda a minha bagagem da sala de aula para ensinar os meus mentorados e alunos.

Às vezes, você até gosta do que faz, mas precisa de um novo ambiente, novas pessoas, novo canal (presencial para o digital, por exemplo) e um mentor para mostrar a você como chegar lá.

Recompensas

A transição de carreira passa por vários desafios, mas também traz muitas recompensas. Três anos depois de realizar a minha mudança de profissão, posso dizer com total segurança que foi a melhor decisão que tomei na minha vida. Aprendi e cresci muito com esse processo.

Aquele vazio que antes existia em mim hoje não existe mais. O sentimento de desencaixe era algo que tomava conta de mim e hoje sinto que realmente estou no lugar que fui criada para estar, que estou ocupando o meu espaço no mundo. Empreender foi o meu maior grito de liberdade.

Autoconhecimento, reconhecimento e realização vieram no pacote das recompensas. Hoje, sei quais são os meus talentos, uso-os para o meu propósito, que é servir as pessoas por meio do ensino na internet, e sou bem remunerada por isso.

É importante ressaltar que não passei por esse processo sozinha. Busquei ajuda na terapia, nas pessoas que me amam e em Deus. O vazio que eu sentia também era a ausência dele. Quando ele me preencheu, as outras áreas da minha vida também foram preenchidas. Fui guiada e orientada por Ele em cada decisão.

Você também não precisa fazer tudo sozinha. Busque ajuda e orientação.

"O que é inegociável para você, que você está negociando, nesse emprego que a deixa infeliz?"

Franscielle Souza

Giovana Patriani

Sou Giovana Patriani, formada em Economia pela Universidade Municipal de São Caetano do Sul (USCS). Tenho especialização em Gestão de Pessoas pela Fundação Getúlio Vargas (FGV) e sou pós-graduanda em Neurociência e Desenvolvimento Humano pela Faculdade Centro de Mediadores (FCM).

Atualmente, sou proprietária do Buffet Toca e Buffet Toca Kids, embaixadora da plataforma Soma, comércio *on-line* de vinhos, e *host* do Podcast *Gi Patriani em Ação*.

Sou mentora de empreendedoras e criadora do método e curso digital CSL (Construa o Salto para a sua Liberdade), voltado para liderar mulheres que querem abandonar a CLT e empreender do zero absoluto.

gipatriani

+55 (11) 98391-2996

gipascoalpatriani@gmail.com

gipatriani

Giovana Patriani

PodcastGiPatrianiemAcao

Determinadas a brilhar

MULHERES QUE INSPIRAM E TRANSFORMAM

14 DA CLT AO EMPREENDEDORISMO: UMA TRAJETÓRIA DE CORAGEM E SUCESSO

Por Giovana Patriani

Sabe-se que qualquer mudança provoca medo e insegurança. Lançar-se ao desconhecido exige, primeiro, coragem, e, sobretudo, planejamento. Vontade, apenas, não será suficiente para atingir o ponto de transformação estabelecido por você. Decisão é fundamental para definir o seu caminho e, principalmente, para atravessá-lo.

Antes da conclusão da minha carreira acadêmica, quando ainda cursava o antigo Colegial, ingressei, de imediato, no mercado de trabalho. Influenciada, ao longo dos anos, por premissas familiares alinhadas à noção de estabilidade e segurança que o trabalho formal poderia garantir, fui ao mercado em busca de oportunidade de emprego.

É importante ressaltar que minha origem familiar se caracteriza por condições materiais escassas. Em razão disso, muitas decisões profissionais que tive que tomar foram orientadas pela subsistência e pela necessidade de contribuir com a renda familiar; portanto, comecei a desenvolver crenças que conduziriam grande parte das escolhas que eu faria ao longo da vida.

Na infância, as minhas brincadeiras preferidas já me davam fortes indícios e revelavam qual seria o meu propósito de vida. Quando simulava as brincadeiras com as meninas da minha rua, eu fazia questão de ser a dona do meu próprio escritório e até as férias escolares eram previamente planejadas por mim. Criava uma agenda semanal com as brincadeiras e as distribuía para as demais meninas. Liderar sempre foi uma característica muito forte em mim.

Meu primeiro emprego foi em um banco chamado Banerj, instituição que não existe mais. Comecei a trabalhar no banco aos 15 anos, em um programa de estágio. Permaneci no banco durante dois anos, período curto, porém, muito valioso em termos de aprendizado e experiência.

Ainda durante meu estágio no banco, conheci a mulher que se tornaria minha empregadora durante 24 anos da minha vida profissional. Ela era uma grande cliente do banco e comentou com a gerente que estava precisando contratar uma pessoa para o seu escritório de contabilidade; tratava-se de um dos escritórios mais tradicionais da cidade. Foi nesse momento que fui apresentada a ela, uma vez que meu estágio estava em via de conclusão e não havia previsão de novo concurso público para ingresso na equipe do banco.

Aceitei a proposta e, aos 17 anos, comecei a trabalhar como auxiliar de escritório. Confesso que aceitei muito mais em razão da necessidade do que pela realização pessoal e profissional. Nessa época, eu estava frustrada por não ter recursos financeiros para fazer faculdade, já que boa parte do meu salário era destinado para contribuir com as despesas de casa.

Minha frustração era notória. Percebendo isso e acreditando no meu potencial como profissional, minha empregadora se dispôs a pagar integralmente minha graduação. Reconheço a importância desse gesto, porque tornou possível a realização de um grande sonho meu. Na minha linhagem familiar, depois de um intervalo de 30 anos, eu fui a segunda a concluir um curso superior.

No período em que estive nesse escritório, transitei por todos os departamentos, conhecendo o funcionamento de cada um deles. Essa trajetória me proporcionou uma vasta experiência, possibilitando que eu chegasse à posição de gerente, responsável por toda a parte financeira e administrativa. Durante longos 24 anos, dediquei minha vida profissional a essa empresa. Não foram poucas as vezes que tentei sair. No meu íntimo, sabia que tinha potencial para oferecer mais, pois nesse escritório já não havia mais possibilidade de crescimento. No entanto, devido às minhas crenças limitantes, e apegada ao salário que recebia e ao cargo que ocupava, permanecia onde estava.

A empresa não dava espaço para a implementação de novas ideias e ferramentas. Sempre fui uma profissional empenhada em buscar novas estratégias e técnicas. Estava em constante processo de aprendizagem e aperfeiçoamento. Não me lembro de uma única vez que fui autorizada a implantar algum dos meus novos projetos. Esse cenário foi provocando mais desânimo e descontentamento em mim. Notava que todo o conhecimento adquirido não era aplicado e, consequentemente, isso me limitava. Também me induzia a me comparar com os colegas que não buscavam conhecimento, satisfeitos com o conforto e limitação do regime CLT. Nesse momento, comecei a perceber que aquele ambiente não me bastava mais, era pequeno e insuficiente para mim.

Havia chegado ao meu limite. Aquela realidade tinha se tornado insuportável para mim. Trabalhar havia se tornado um pesadelo. O tormento começava já no domingo à noite e despertava na segunda-feira tomada por uma grande angústia. Eram frequentes os sintomas no meu corpo, tive queda de cabelo e desenvolvi crises de ansiedade. Por inúmeras vezes, me sentia incapaz e comecei a desacreditar em mim. Isso também se refletiu no meu casamento.

Nesse processo de grande insatisfação e de questionamento das minhas escolhas, me tornei mãe. Estava, exatamente, com 36 anos. Não tive, sequer, a possibilidade de gozar minha licença-maternidade inteira. Retornei ao trabalho antes do fim do período. Uma semana após o parto, voltei à atividade laboral, intercalando os dias da semana. Colocar meu filho recém-nascido aos cuidados de uma babá me deixava profundamente triste e chateada. Definitivamente, era hora de mudar. A mudança não foi imediata. Procrastinei por mais cinco anos e deixei engavetado o desejo de empreender, apegada ao cargo e ao salário e, principalmente, em razão da responsabilidade decorrente da maternidade. Entretanto, a chama do empreendedorismo ardia e me tocava desde muito cedo – e já tinha passado da hora de colocá-la em prática.

Ter mais tempo de qualidade com o meu filho e acompanhar o seu desenvolvimento, além das somatizações que meu corpo apresentava, foram fatores determinantes para iniciar minha jornada no empreendedorismo. Desesperada para sair daquela situação, não observei com a devida atenção e cuidado as oportunidades que surgiram. A primeira delas chegou até mim por meio de uma suposta amiga que viria a se tornar minha sócia Tratava-se da compra do mais antigo e tradicional bufê infantil e social da cidade de São Caetano do Sul, do qual sou proprietária até os dias atuais. Assim iniciei, efetivamente, minha jornada no empreendedorismo, aos 42 anos, e em um segmento absolutamente desconhecido para mim.

Apesar da tradição do bufê, eu não tinha nenhuma experiência nesse setor. Assumi o estabelecimento no mês de janeiro de 2020 e em março fomos acometidos pelo *lockdown,* em razão da pandemia. Esse setor foi o primeiro a fechar e o último a retomar suas atividades; portanto, senti durante apenas dois meses o prazer de ser dona do meu próprio negócio. Ainda estava conhecendo a dinâmica e o funcionamento da empresa, quando fui obrigada a fechar as portas. Tive que aprender, rapidamente, a lidar com as piores adversidades, me reinventar e desenvolver extrema resiliência, novas habilidades e buscar alternativas para preservar a sobrevivência do bufê.

Como estava ansiosa para deixar o regime CLT, embarquei nessa nova jornada sem conhecer profundamente quem dividira comigo a gestão do estabelecimento. Infelizmente, percebi tardiamente que se tratava de uma pessoa mal-intencionada e com péssima índole. Ao retornar à normalidade das festas, percebi que havia sido furtada pela minha sócia. Relato esse episódio para chamar a atenção sobre a importância de que, mesmo que seja uma pessoa próxima ou até familiar, é extremamente necessário pesquisar a sua vida pregressa.

O momento da dissolução da sociedade e da descoberta das inúmeras irregularidades que minha sócia praticava foi a pior fase da minha jornada no empreendedorismo. Só consegui me levantar e me manter em pé graças e unicamente à minha fé. Foram meses de angústia profunda e oração sincera. Todavia, foi nesse instante que percebi quão forte e resiliente eu poderia ser. Eu não tinha alternativa, não havia plano B. Lidava com os sonhos das pessoas, não poderia simplesmente fechar as portas. Tive que, necessariamente, desenvolver habilidades que não tinha, estudar com afinco o mercado e criar soluções estratégicas para a manutenção do negócio.

Após atravessar momentos de extrema dificuldade e desafios gigantescos, 2023 foi, de fato, o ano da minha virada, em todos os sentidos. Todas as inovações que implementei no bufê ao longo do tempo, como pesquisa de mercado, cliente oculto, revisão do cardápio, reestruturação da equipe e experiência única nas degustações começaram a dar resultados. O Buffet Toca recebeu o prêmio de melhor bufê da cidade de São Caetano do Sul, escolhido por meio de votação popular organizada pela agência Midaz.

Como resultado das conquistas que obtive à frente do bufê e em decorrência da *network* que estabeleci, fui convidada a ter o meu próprio *podcast*. Criado no mês de setembro e denominado *Gi Patriani em ação*, veiculado no Youtube e Spotify, é destinado a entrevistar mulheres que fizeram transição de carreira com sucesso, do CLT ao empreendedorismo, assim como eu fiz. O nome foi inspirado em um dos livros que mais marcaram a minha jornada, *O poder da ação*, escrito por Paulo Vieira.

Concorri, também, ao prêmio de Mulher Empreendedora promovido pela Associação Comercial de São Caetano do Sul. Eu me tornei mentora de mulheres empreendedoras e criei o Método Construa o Salto para a sua Liberdade (CSL), cuja finalidade é ajudar mulheres que desejam realizar sua transição de carreira do CLT ao empreendedorismo.

Quero ressaltar que todos os obstáculos que superei foram fundamentais para me tornar quem eu sou. E, nesse processo, descobri meu verdadeiro propósito de vida, que é servir por meio da transformação da vida de mulheres que querem empreender e atingir a realização pessoal e profissional. Toda dificuldade gera um aprendizado e tem um significado. Procure encontrá-lo, ainda que na hora você não consiga entender. Seja resiliente nos obstáculos, pois o seu sucesso pode estar a um passo da sua desistência.

"O sucesso é uma decisão, e não uma escolha."

Giovana Patriani

Gisele Calixto Benz

Sou Gisele Calixto Benz, casada, mãe de dois filhos. Formada em Administração de Empresas e Pedagogia. Atuei por muitos anos nessas áreas e vivi muitos conflitos por estar desconectada de mim mesma. Até que um dia resolvi tomar as rédeas da minha vida e fui buscar conhecimentos que pudessem ajudar a sair do sofrimento.

Por meio da meditação, da psicoterapia integrativa, das constelações sistêmicas familiares e pós-graduações em Psicologia e Psicanálise, encontrei conteúdos que me tornaram mais consciente. Isso foi tão significativo para meu viver que passei a levar para outras pessoas. Assim nasceu a terapeuta e a mentora. Hoje ajudo pessoas a saírem das dores e conflitos emocionais, conquistando a consciência de si mesmas por meio do autoconhecimento terapêutico e da conexão espiritual.

gicalixtoterapeuta

+55 (47) 99704-7823

Determinadas a brilhar

MULHERES QUE INSPIRAM E TRANSFORMAM

15 EVOLUÇÃO HUMANA ATRAVÉS DA EXPANSÃO DA CONSCIÊNCIA

Por Gisele Calixto Benz

Há muitas gerações, nascemos e morremos, deixando marcas que definem nossas histórias e inspiram a continuidade da humanidade. Percebemos que cada geração contribui de alguma maneira e damos a esse processo de passagem de informações, aprendizagens, memórias, culturas e tradições o nome de **evolução** humana. Muitas de nossas heranças são provenientes da falta, da luta pela sobrevivência e de disputas por recursos. Isso nos levou a associar o processo evolutivo a conquistas materiais, poder e, nas últimas décadas, às facilidades da tecnologia. No entanto, se fizermos um paralelo à vida humana, observamos recorrentemente (e cada vez de modo mais acentuado) um vazio existencial.

O vazio de não sentirmos a vida acontecer, de não estarmos presentes verdadeiramente em nossas escolhas, ações e relações. Adoecemos o corpo, a.mente e a alma. Assim, é necessário concentrar nossa atenção para além da matéria e nos conectarmos com algo maior que nossos desejos e faltas. A busca desse algo maior chamamos de evolução espiritual e essa evolução pode ser denominada de **expansão da consciência**. É por meio da expansão da consciência que podemos conquistar o verdadeiro equilíbrio em nossa vida, ao integrarmos o físico (material) com o sutil (espiritual).

Todo vazio ou dúvida existencial se preenche na luz do espírito. Ao encontrarmos — reconectarmos — nossa luz, temos a força de vida e passamos a vivê-la de forma mais leve, simples e feliz. No entanto, para que isso aconteça, já dizia o sábio mestre, "precisamos nos fazer escolhidos". Então, o primeiro grande desafio da vida humana é escolher trilhar o caminho que está além da matéria, e o segundo é encontrar o caminho que leva a este importante encontro: o de si mesmo. Aquele que escolhe ir além vira um buscador. Se você é um, saiba que meu propósito neste capítulo é tornar você um encontrador. Encontrar a sua luz começa na consciência de si e passa pela percepção e cuidado com todas as dimensões do seu ser: **corpo**, **mente**, **emoções** e **espírito**.

O corpo é a sua parte física-material, morada da vida (espírito); portanto, o modo como você o vê e cuida dele está intimamente relacionado ao seu modo de ver e viver sua vida. Seu corpo tem necessidades essenciais para que se mantenha saudável e disposto, e o descuido dessas necessidades causam desequilíbrios e, consequentemente, interferem no seu tempo e na sua maneira de viver. As necessidades básicas de seu corpo são: alimentação, hidratação, respiração, movimento, luz solar e descanso.

Se observarmos nosso corpo por um momento, perceberemos suas capacidades e complexidades, constatando que sua criação foi uma obra perfeita, concebida como divina, bem como a simplicidade de mantê-lo, pois tudo de que ele precisa está ao nosso redor, na natureza. Nela, encontramos os **alimentos** adequados para nutrir nosso corpo, pois tudo que cresce na terra é compatível com nosso corpo biológico. Nosso corpo é constituído por 70% de água, por isso a **hidratação** é outro fator importante para nossa saúde física. A água é um recurso disponível em nosso ecossistema, basta usarmos com sabedoria.

Nosso sistema físico requer oxigênio, elemento também disponível na atmosfera, e a **respiração** é o meio pelo qual o absorvermos, obtendo disposição e vitalidade. Quanto mais ampla a respiração, melhor é a capacidade de atenção, então é importante respirar de forma consciente. **A cada inalação, deixe o ar preencher seus pulmões, abdômen e baixo ventre. A cada exalação sinta o movimento do ar sair e liberar substâncias tóxicas e tensões.**

Seu corpo é o espaço sagrado para a vida e a vida é **movimento**. Se ficamos parados, oxidamos nosso corpo. Então, ele precisa de exercício para se manter forte e saudável, apto a ajudá-lo a realizar sua vida no tempo divino que lhe cabe viver.

Nossos antepassados curavam seus males tomando **sol**, mas nós estamos com medo do sol, sendo que ele é essencial para a vida de todos os seres vivos e o ecossistema de nosso planeta. O sol auxilia nosso corpo a sintetizar vitaminas, dando energia e ânimo para aqueles que estão depressivos. É preciso dizer mais?

O **descanso** é tão necessário quanto o movimento, porém, em virtude do ritmo de vida atual, estamos em constante estado de alerta, isto é, vivemos no modo sobrevivência. Por isso, o estresse e a exaustão se tornaram comuns, mas é necessário saber descansar – e não apenas dormir. Você já deve ter percebido quantas vezes dormiu, mas não descansou e, se isso acontece, deve tomar atitudes que o ajudem a realmente descansar. Pode parecer desnecessário descrever esses cuidados básicos para seu corpo, principalmente se você precisa cumprir metas, tarefas e está buscando realizar sonhos. Não posso dizer que isso está errado, mas devo lembrar que para ir além das coisas do mundo material você, **buscador-encontrador**, precisa saber cuidar de si para ter equilíbrio.

Por falar em cuidar, entenda como a mente é importante nesse processo. A **mente** é instrumento de percepção, manifestação e realização do seu ser no mundo; porém, muitos não conseguem viver esses estados da mente, pois sofrem com os pensamentos.

A **mente racional** é analítica e discriminativa (julgadora), determina as coisas e situações como certas ou erradas, boas ou ruins, feias ou bonitas. Outra característica da mente racional é sua capacidade de armazenamento (memória) e repetição. Esse sistema que se automatiza existe para facilitar muitas de nossas demandas, mas é justamente por causa desse automatismo condicionado que temos dificuldade em aderir a novas respostas e ações. Para liberar os conflitos da mente, temos duas formas **simples e eficazes** que inspiram e fortalecem a jornada humana a caminho do espírito: a meditação e a oração.

A **meditação** é um meio para você se ouvir, medir, refletir sobre suas ações e, principalmente, perceber seus pensamentos. Perceber para onde eles o levam, quais sensações e memórias trazem e, assim, conduzir sua atenção. E ainda acrescento: a meditação abre sua percepção para algo maior do que você mesmo e suas identificações (dores pessoais), por isso ela é a porta que abre a mente e o coração para a conexão com o divino – e aqui nasce a verdadeira oração. Quando a mente cala, ouvimos nosso coração. A **oração** dita de seu coração eleva sua vibração e conduz sua atenção e vida mais para ouvir do que falar. Orar é falar com Deus e ação é agir de acordo com o que você escuta (direcionamento divino). Esses dois condutos, meditação e oração, estimulam para novas ações ajudando a ressignificar os padrões mentais que limitam acessando a **mente superior** (elevada, criativa e realizadora). Para meditação guiada, acesse: https://youtu.be/SOQOZA9nKG0.

Outro aspecto que precisa de cuidado são suas emoções. **Emoções** são reações naturais e instintivas que acontecem em resposta a estímulos externos, da interação com o mundo, com a vida, com pessoas e situações. Medo, raiva, tristeza, rejeição, alegria, todas essas interações ficam registradas internamente e trazem a percepção de si (sentimentos). Assim, podemos entender que nosso corpo biológico/instintivo reage (emoções) e nossa mente dá uma definição (sentimento), sentir com a mente.

Algumas emoções são consideradas negativas, por isso são mal resolvidas e reprimidas, gerando sintomas e conflitos. O medo faz parte de nosso corpo e memória biológica/ancestral/humana e nos instiga a uma ação. Então, é um passo da coragem. Se ficamos paralisados diante do medo, ele nos limita/bloqueia. A raiva é a energia de reação e nos ajuda a sair dos estados que não nos fazem bem. A grande questão é como conduzir a raiva para não causarmos danos aos outros ou a nós mesmos. A tristeza é o abatimento do sistema físico sensorial diante de algo que perdemos ou deixou de existir (ciclos da vida, relacionamentos) e nos estimula a nos abrirmos para o novo. A rejeição é a sensação de desagrado e pode ter como base as emoções de medo, raiva e tristeza. Em uma condução positiva, ela nos incita à superação, aceitação e liberação. A alegria traz a sensação de satisfação e, mesmo sendo entendida como uma emoção boa, poucos permitem-se sentir/expressá-la, pois estão presos a emoções no polo negativo.

Já o **espírito** é a essência da vida que habita seu corpo, cria a realidade por meio da mente, percebe o mundo por meio das emoções e sente a existência por meio da intuição. O principal sentido do espírito é o **existir (ser).** O vazio existencial vem de estarmos afastados do ser e o reencontro acontece através da consciência (cuidados) de si, integrando todos os seus aspectos: corpo, mente, emoções/sentimentos, para que o espírito viva e exista de maneira mais leve, no campo da vida humana. Quando sentimos a leveza do ser, equilibramos as dinâmicas aparentemente opostas da vida: matéria e espírito.

No campo da vida humana, existem muitos caminhos, filosofias, técnicas, religiões que preconizam o equilíbrio e a expansão da nossa consciência pessoal/material para a consciência maior/divina, espiritual. E você, buscador, precisa sentir qual caminho faz sentido trilhar, porque somente assim você se encontrará verdadeiramente. Eu encontrei meu caminho por meio do autoconhecimento e busco de forma terapêutica levar/elevar as pessoas à consciência – verdade de si mesmas. Nessa consciência, temos força para assumir e direcionar nossas ações e tornar nossa existência plena e feliz. Assim, vivenciamos a orientação do mestre: "Conhecereis a verdade e ela o libertará". (João 8:32)

Se este conteúdo fez sentido para você, entre em contato e saiba como posso ajudar no seu caminho de encontro à sua luz.

Gratidão.

"Todo vazio ou dúvida existencial se preenche na luz do espírito."

Gisele Calixto Benz

Ieza Uhde

Sou Ieza Dessbesell Tuzen Uhde, nascida e criada no interior do Rio Grande do Sul. Pedagoga, *master* em programação neurolinguística, especialista em desenvolvimento humano, comportamento e comunicação, com mais de 5 anos de experiência em gestão de pessoas.

Estudante incansável, sempre em busca de novas descobertas, o autoconhecimento me cativa a cada dia. Poder olhar nos olhos de outra pessoa, ouvi-la atentamente e senti-la fazem com que essa jornada pelo mundo faça mais sentido.

Superei muitos obstáculos, os quais sempre me fizeram mais forte, e provei que é sim possível mudar a própria vida através do autoconhecimento e ainda poder ajudar outras pessoas a ressignificarem suas histórias.

ieza_uhde

+55 (55) 99658-5649

Determinadas a brilhar

MULHERES QUE INSPIRAM E TRANSFORMAM

16 CONEXÕES AUTÊNTICAS: HABILIDADES SOCIAIS PODEROSAS

Por Ieza Uhde

As habilidades sociais são essenciais para o sucesso em diversas áreas da vida. Desde o ambiente profissional até os relacionamentos pessoais, a capacidade de se comunicar efetivamente, resolver conflitos e criar conexões significativas desempenham um papel crucial. As habilidades sociais englobam uma variedade de comportamentos e competências que permitem interagir de forma positiva e produtiva com as outras pessoas.

Todos os seres humanos necessitam das habilidades sociais para se relacionarem e conviverem com as outras pessoas. O simples ato de cumprimentá-las e ser empático pode criar oportunidades e relacionamentos saudáveis.

Desde os primeiros estágios da vida, já estamos sendo treinados à socialização e comunicação. O bebê precisa comunicar aquilo que está sentindo e sua única forma de fazer isso é através do choro, onde, por sua vez, a mãe ou o cuidador precisa interpretá-lo para que se alcance um nível de entendimento na comunicação e na necessidade. Ao longo dos anos, a criança vai crescendo e construindo um repertório maior de interações e comunicação, já conseguindo observar quais habilidades são mais eficazes para se alcançar o objetivo. Esse processo de aprendizado e adaptação contribui significativamente para o desenvolvimento social e emocional da criança ao longo dos anos.

Essas habilidades são diferenciadas, dependendo do ambiente em que cada indivíduo cresceu; pode-se observar que tem algumas pessoas que se destacam em meio à multidão, e isso é pelo fato de que o ambiente em que esse indivíduo cresceu, o favoreceu a desenvolver habilidades como comunicação e comportamento, facilitando suas interações sociais. É inegável que o ambiente exerce uma influência significativa sobre nós, moldando-nos ao longo da vida, com elementos como cultura, família, localização geográfica, experiências escolares e fatores econômicos, desempenhando papéis cruciais nesse processo.

Nesse desenvolvimento, as pessoas são socializadas em suas família e comunidades, aprendendo normas, valores, comportamentos e habilidades que são considerados apropriados para seu contexto social. E os comportamentos se dão através da repetição de padrões, ou seja, frequentemente as pessoas imitam o comportamento observado em outros ao seu redor para se sentirem incluídos na sociedade que estão.

Mas, à medida que vamos crescendo e nos desenvolvendo, nos deparamos com situações fora do nosso círculo social, o que torna inevitável adquirir novas habilidades e comportamentos para nos encaixarmos nessa nova dinâmica social. Por isso, a importância de sempre estarmos aberto a novas experiencias e habilidades. Com o intuito de proporcionar uma compreensão mais abrangente dessas habilidades necessárias, explanarei as principais a seguir.

A comunicação efetiva é a chave para relacionamentos mais saudáveis e produtivos, pois a ela envolve não apenas transmitir informações de forma clara e efetiva, mas ouvir atentamente e compreender a mensagem do outro. Uma comunicação efetiva de qualidade requer habilidades de expressão verbal e não verbal, bem como a capacidade de adaptar a mensagem, dependendo da pessoa que você está se comunicando.

E não menos importante é observar e levar em consideração os sentimentos e perspectiva da outra pessoa, buscando estabelecer realmente uma conexão genuína. Em um mundo onde cada vez mais as pessoas estão vivendo conectadas com as redes sociais, a comunicação efetiva torna-se uma habilidade essencial para o sucesso pessoal e profissional. Dominar essa habilidade requer prática, empatia e uma compreensão profunda dos princípios da linguagem verbal e não verbal.

Outro aliado é a empatia, ou seja, a capacidade de compreender e compartilhar os sentimentos e perspectivas com os outros. Ela é uma habilidade para construir relacionamentos saudáveis e significativos, pois permite realmente uma conexão profunda. Quando praticamos empatia, cultivamos uma maior compressão e respeito pelas diferenças individuais, não desrespeitando o outro e sim achando um caminho em comum.

A resolução de problemas é essencial em todas as áreas da vida. Desde criança, já estamos desenvolvendo essa habilidade a qual é crucial no ambiente de trabalho e em relacionamentos pessoais. É determinante utilizar uma abordagem eficaz para a resolução de problemas e requer pensamento crítico, criatividade e a capacidade de considerar diversas perspectivas e soluções. Lembre-se que na resolução de problemas o trabalho em equipe é importante, pois, na maioria das vezes, os problemas envolvem outras pessoas. Ao dominar esta arte, podemos enfrentar desafios com confiança e determinação, transformando obstáculos em oportunidades de crescimento e desenvolvimento pessoal.

O autocontrole emocional é uma habilidade que requer o gerenciamento das nossas próprias emoções, em diferentes situações. Isso envolve reconhecer nossos sentimentos e entendê-los, mas também ser capaz de controlar as nossas reações impulsivas ou excessivas. Um ponto importante sobre o autocontrole emocional é não sair reagindo a um acontecimento ou fato, sem antes analisar a gravidade ou o quanto isso o afeta.

Algo importante a se ressaltar é que, muitas vezes, acabamos "pegando" as emoções das outras pessoas e isso afeta nosso emocional, por isso a importância de gerenciar as emoções. Quando conseguimos isso, somos menos propensos a agir de forma impulsiva ou imprudente e mais capazes de tomar decisões ponderadas e racionais, fazendo com que o nosso resultado seja mais eficaz.

Uma habilidade essencial é a liderança e não é só sobre ocupar uma posição de autoridade, é sobre inspirar e motivar os outros e a si mesmo a alcançar o seu potencial máximo. Um líder eficaz demonstra habilidades de comunicação claras, estabelece metas e direções claras, e tem comportamentos éticos e valores compartilhados.

Liderar não apenas no ambiente de trabalho, mas liderar a sua vida, suas decisões, suas palavras e seus pensamentos. Ser líder de si mesmo vai te ajudar a compreender-se cada vez mais, a forma como você está inserido no mundo, as suas capacidades, sua forma de se expressar, sua comunicação. Tudo isso vai te auxiliar a perceber os níveis de liderança que você exerce, sejam eles no seu ambiente de trabalho, em sua família ou na sociedade. Estar consciente de si mesmo fará você alcançar a liderança com mais facilidade. Portanto, todas as habilidades sociais são o alicerce sobre o qual construímos relacionamentos saudáveis, alcançamos o sucesso pessoal e profissional, e promovemos um mundo mais harmonioso e empático.

E ao desenvolvermos essas habilidades, nos capacitamos não apenas a nos comunicarmos de forma mais eficaz, mas a compreendermos melhor os outros, resolvermos conflitos de maneira construtiva e cultivarmos conexões autênticas e significativas. Num mundo cada vez mais interconectado, as habilidades sociais não são apenas uma vantagem, mas sim uma necessidade fundamental para prosperar e alcançar uma vida plena e satisfatória.

"A forma como vemos o mundo cria o mundo em que vivemos". Essa frase nos faz refletir sobre como estamos observando o mundo a nossa volta, onde estamos colocando a nossa energia e onde está o nosso foco. Essa forma de ver o mundo pode nos impulsionar ou nos colocar para baixo. Imagine você sentado no chão de um quarto escuro e deste ângulo que você está sentado só consegue enxergar uma pequena fresta da janela e lá tem um pouco de luz do sol. Talvez passe pela sua cabeça que essa situação é deprimente, pois estou no escuro, não consigo ver nada, há apenas uma pequena brecha de luz.

Agora vamos imaginar que você está de pé nesse quarto escuro e que você tem um novo ângulo para observar a janela que está entreaberta. Além da luz do sol, você agora consegue ver um gramado verde, árvores e passarinhos cantando. Com alguns passos, você consegue chegar mais perto dessa janela e abri-la. Com isso, seu olhar e seus ouvidos conseguem captar mais detalhes que estão lá fora, talvez, se você respirar fundo, consiga sentir o cheiro da terra molhada.

Assim é nossa vida. Onde está o seu foco, hoje? Talvez você diga a si mesmo que não consegue ver saída, pois tudo está muito escuro. Mas se você mudar o ângulo do seu olhar perante a vida, será que não vai conseguir ver mais possibilidades? Desta forma, são as habilidades sociais que você precisa desenvolver. Talvez, você esteja olhando para si com pena, pois não consegue falar em público, tem medo de se relacionar com as pessoas, tem vergonha de si mesmo. Mas, e se você mudar o seu foco e olhar para si com mais carinho e realmente acreditando que você tem todas as capacidades? Que você é uma pessoa capaz de alcançar tudo o que sonhou? Se o sonho está em seu coração, é porque você tem a capacidade de projetá-lo para o mundo. Lembre-se: você é capaz!

"Por que continuar sendo você mesmo se você pode ser alguém muito melhor?" (Richard Bandler).

"Ser capaz de se conectar com os outros é estabelecer laços que nos enriquecem, nos ensinam e nos lembram da nossa verdadeira essência."

Ieza Uhde

Foto: Simone Sokolovsk

Jaqueline Boava

Espero que este capítulo o encontre em um momento transformador. Sou Jaqueline Boava, psicóloga, pedagoga, hipnoterapeuta e treinadora comportamental, fundadora do Método Mudar. O aspecto mais significativo a meu respeito é ser uma esposa apaixonada e mãe de três filhos incríveis: Estefany, João Miguel e Otávio.

Minha jornada com a comunicação foi de amor e ódio. Enfrentei desafios para desenvolver uma comunicação assertiva com o mundo. Essa jornada não foi fácil, mas foi fundamental para alcançar meus objetivos.

Convido você a permitir-se transformar sua comunicação de maneira única e objetiva. Siga-me nas redes sociais e conheça mais sobre comunicação assertiva. Espero inspirar sua jornada.

jaquelineboava

+55 (66) 99603-8047

psicologajaquelineboava@gmail.com

www.jaquelineboava.com.br

17 VOANDO ALÉM DOS TRAUMAS, BRILHANDO ALÉM DA DOR

Por Jaqueline Boava

Em um mundo no qual cada palavra pode ser uma ponte ou uma barreira, a arte da comunicação assertiva se revela como esperança e superação. Mesmo diante das dificuldades impostas pelo mundo e de muitos traumas que vivi, descobri o poder transformador do "permita-se". Este não é apenas um capítulo sobre comunicação, mas sobre a força inesgotável que existe dentro de cada um de nós, que nos impulsiona a transcender obstáculos e a alcançar uma verdadeira conexão com o mundo ao nosso redor.

Nascer em uma família rodeada de grandes traumas não é fácil para ninguém, principalmente quando não existe uma comunicação adequada. Nasci em Joinville (SC) e aprendi, desde cedo, que expressar meus sentimentos não era o mais seguro a se fazer, pois quando meu pai chegava em casa, altas horas da noite, era assustador, e o meu silêncio e o de minha mãe era necessário. Naquela época, vivenciei muitos conflitos e pouca comunicação. O meu refúgio eram os livros e um pequeno rádio, por meio dos quais minha mente viajava longe, desejando um lar calmo e tranquilo.

Meus pais raramente expressavam sentimentos e se comunicavam pouco. Minha mãe se dedicava a uma rotina de trabalho intensa e assim encontrava refúgio. Meu pai tinha presença enigmática e comportamento controlador, era muitas vezes violento e alcoólatra, mas provedor. Curiosamente, fora de casa, exibia alegria e astral admiráveis para as pessoas que o conheciam. Essa discrepância lhe causava uma dor ainda maior e certa culpa, o que prejudicava ainda mais nossa relação familiar.

Testemunhei muitas situações ao longo da vida: casamentos desfeitos, carreiras arruinadas, empreendimentos fracassados, sonhos que se transformaram em pesadelos. Tudo em consequência de diversos traumas que meus pais também viveram e não souberam lidar. A falta de comunicação foi uma barreira para compreender minhas próprias emoções e sentimentos, o que se refletiu em todos os aspectos da minha vida.

Essa dificuldade na comunicação não foi apenas uma questão da minha infância, mas continuou a afetar minha vida adulta, criando um ciclo repetitivo de isolamento e interpretação distorcida das interações sociais. Para me proteger, construí uma barreira ao meu redor, tornando-me inacessível e isolada, sem conexões nem com a família e amigos.

Após ver meus pais viverem uma vida conturbada, me peguei repetindo tudo o que já tinha visto na infância, mas dentro de mim sabia que eu poderia quebrar aquele ciclo de alguma forma; empoderar-se não e simples, quando não se tem apoios ou motivações, mas o primeiro passo veio e foi essencial. Me auto-observar foi primordial, entender minhas próprias emoções, e quais habilidades eu queria desenvolver, percebi que estava fora do caminho que havia planejado, lá na infância, quando lia aqueles livros de romance, mais para se viver algo diferente, precisa-se fazer diferente, a auto-observação me mostrou o quanto eu estava fora do caminho que eu sonhava, e me trouxe a perspectiva que eu poderia viver algo novo, enfrentar os traumas, confrontar padrões de comportamento e desafiar crenças limitantes me exigiu coragem e determinação. A comunicação assertiva não é apenas uma habilidade que precisei aprimorar, mas foi uma escolha consciente de empoderamento para novos resultados.

Você merece viver uma nova fase, permita-se!

Ao nos permitirmos viver, não apenas nos libertamos das amarras do passado, mas também nos capacitamos a construir relacionamentos mais saudáveis. Nesse caminho de busca de uma comunicação efetiva, passei por decisões difíceis. Quando decidi mudar o ciclo em que estava inserida, tornei meu desejo de mudança real, pois estava infeliz. Eu estava inserida em um contexto perturbador, era recém-formada e cheia de ideias, porém, vivendo ciclos que me levavam sempre aos mesmos resultados, que não me faziam feliz, entendida e muito menos respeitada, me sentia um peixe fora d'água.

Iniciei uma busca intensa em desenvolver minha comunicação e essa decisão foi intensificada após ouvir, de uma vez de menina de 11 anos, a seguinte frase: "Está na cara que você não é feliz, mãe!". Minha filha mexeu com minha estrutura ao me dizer aquelas palavras, pois era a mais pura verdade e ela, com apenas 11 anos, estava enxergando e vivendo comigo aquela infelicidade. Aquela frase ecoou em mim por meses e me fez enfrentar traumas, confrontar padrões comportamentais e questionar crenças. Exigiu o máximo da minha determinação e me deu muita força para iniciar minha libertação, pois tomei consciência do que eu queria. Mas, o caminho não seria fácil e não foi! Ao nos reconstruirmos, não apenas nos libertamos das amarras do passado, mas também nos capacitamos a construir relacionamentos mais saudáveis e significativos. E foi isso que eu fiz, me permiti buscar me entender e buscar técnicas que melhorassem minha relação com meus sonhos. E foi na comunicação assertiva que descobri técnicas simples, que mudaram toda minha história profissional e pessoal, e, principalmente, minha vida amorosa.

Foi usando essas técnicas que construí o pilar mais importante: a escuta ativa, que você pode usar na sua casa e desenvolver com sua família. É um processo no qual você presta atenção genuína ao que a outra pessoa está falando, demonstrando interesse e compreensão, concentrando-se completamente e dando importância ao que ela está dizendo. Construí essa dinâmica no início do meu casamento, estabelecendo limites e vontades, mas também escutando a vontade do outro.

Uma outra técnica bastante usada na comunicação assertiva e que podemos aplicar na área profissional, pessoal e familiar é a CNV (Comunicação Não Violenta). Trata-se de uma abordagem cujo objetivo é expressar sentimentos e necessidades de forma clara e respeitosa, ao mesmo tempo que se mantém aberto ao diálogo e à compreensão das necessidades dos outros. Observe suas próprias emoções e necessidades, evitando culpar ou julgar os outros, e esteja aberto para ouvir e compreender as emoções e necessidades deles. Por isso é tão importante, na CNV, a percepção de entendimento de suas próprias emoções, para que você transmita uma informação limpa sobre elas.

Ter limites estabelecidos na vida pessoal e profissional é essencial para quem quer buscar novos resultados. Isso requer identificar seus próprios limites pessoais, emocionais e físicos, e comunicá-los de forma clara e respeitosa às pessoas ao seu redor. Ao estabelecer limites saudáveis, você se protege contra comportamentos inadequados e abusivos, favorecendo sempre o respeito e construindo relacionamentos mais autênticos em suas relações pessoais, amorosas e profissionais. Quando aplicados de forma ampla, tornam a vida cotidiana mais leve e produtiva. Percebi isso quando identifiquei meus limites, vontades e desejos, e estava distante deles havia anos. Hoje, conviver em um relacionamento em que posso expressar minhas vontades e saber que estou segura, é uma demonstração do quanto foi necessário ir além dos meus traumas e do quanto meus resultados mudaram, por estar perto de pessoas que entendem o poder da comunicação.

Há, também, outra ferramenta que considero essencial para impulsionar o crescimento pessoal e profissional, e a qual contribui muito com a nossa comunicação com a família e com o cônjuge. Ela consiste em oferecer retorno ou resposta específica, clara e objetiva sobre o desempenho, comportamento ou resultado da pessoa com a qual você está se comunicando e tem o propósito de ajudá-la a melhorar e atingir seus objetivos, mostrando para o outro seu real desejo e vontades.

Ao contrário do *feedback* negativo, aquele que vem sempre cercado de críticas e respostas julgadoras, o *feedback* construtivo é entregue de forma respeitosa e empática, destacando aspectos do desempenho observado, evitando críticas pessoais ou generalizadas. Em vez de apenas apontar falhas, ele também reconhece pontos fortes e fornece sugestões claras para melhorias específicas, ressaltando, com gentileza, os pontos positivos.

Tudo anotado. E agora, o que fazer?

Essas ferramentas são fundamentais para a construção de uma comunicação assertiva; porém, não basta serem apenas claras e assertivas ou serem utilizadas de forma rasa e sem contexto. É necessário compreender, de modo consistente, essa nova forma de se comunicar, entendendo as habilidades como impulsionadoras de novos resultados, no cotidiano profissional e familiar, buscando sempre novos resultados mais eficazes.

Quando nos comunicamos de forma assertiva, somos capazes de expressar nossas opiniões, os sentimentos e as necessidades de forma clara, de maneira que seremos sempre mais bem compreendidos. Isso nos permite estabelecer limites saudáveis, resolver conflitos de maneira construtiva e construir relacionamentos baseados na confiança e na compreensão mútua. Vejo isso todos os dias no meu relacionamento com minha família, pois sei que quebrei um ciclo geracional. Hoje, me comunico melhor comigo mesma, me entendo além de tudo que já vivi, buscando sempre melhores resultados.

A comunicação assertiva me capacita a expressar quem realmente sou, porque hoje me comunico além dos meus traumas, compreendendo minhas habilidades e limitações. Ao programar pequenas mudanças em nossa comunicação, podemos alcançar resultados significativos e extraordinários. Para cultivar relacionamentos mais saudáveis e produtivos, é essencial construirmos e aprimorarmos nossa comunicação, diariamente, buscando conhecimento contínuo e utilizando todas as ferramentas disponíveis. Assim, a cada dia, estaremos mais próximos de alcançar nossos novos objetivos e nos tornarmos versões melhores de nós mesmos, pois entenderemos o presente, sem nos deixarmos ser influenciados pela dor do passado, tornando nossos dias leves e extraordinários.

"A comunicação assertiva não é apenas uma habilidade, é uma escolha consciente de empoderamento e busca constante por novos resultados."

Jaqueline Boava

Jéssica Leal

Me chamo Jéssica Leal e sou advogada corporativa, expert em empresas familiares. Cofundadora da boutique jurídica Leal Queiroz, escritora e palestrante, minha maior conquista está dentro da minha casa: meu marido e meus quatro filhos (três na terra e um no céu). Católica, ex--viciada em trabalho, após um forte encontro com Nosso Senhor Jesus Cristo e sua Mãe Santíssima, decidi mudar completamente a rota da minha vida: passei a aspirar mais às coisas celestes e a colocar em seu devido lugar as terrestres. Vindo de uma família desordenada, sempre sonhei em construir minha própria família de forma completamente diversa e é isso que tenho buscado todos os dias até aqui.

ajessica.leal

Jéssica Leal

jessica@lealqueiroz.adv.br

Determinadas a brilhar

MULHERES QUE INSPIRAM E TRANSFORMAM

18 NENHUM IMPÉRIO VALE A DESTRUIÇÃO DE UMA FAMÍLIA

Por Jéssica Leal

Uma menina cheia de sonhos e de coração rebelde, aos 13 anos em seu quarto com as mãos nos ouvidos, tentando fazer parar aquela gritaria fez sua primeira promessa: "Eu vou ter uma família e não será como esta".

Aos 19 anos, trabalhando com empadas, com sua maior inspiração de superação, sua mãe, ela enchia um velho celta para fazer as entregas em cantinas escolares e depois, corria para a faculdade de Direito. Assistia às aulas que lhe eram possíveis e já era hora de ir ao mercado: nada podia faltar na confecção da sobrevivência daquela família.

À noite, atendia no balcão, e quando era possível, corria para faculdade de Comunicação. Às 23:00, as portas fechavam-se e ela seguia para casa.

Aos 21 anos, após breve namoro, casava-se, descobrindo a rotina da madrugada - limpar casa, lavar roupa, fazer comida - e ainda em processo de adaptação, veio a gravidez: o seu primogênito estava a caminho!

Foram dias difíceis...em alguns deles, desejava apenas comer biscoito recheado, como fazia com tanta fartura quando criança. Artigo de luxo naquela nova realidade. Em outros, pedia para a madrugada render mais, pois havia prova no dia seguinte e seu bebê não dormia. Logo o sol já havia nascido, e discussões com "a invenção de terminar a faculdade" eram ouvidas, enquanto não conseguia fazer tudo que tinha planejado.

Aquela menina precisava partir para que a mulher surgisse. Veio o divórcio, e levou consigo apenas o que importava: seu Samuel. Não tinha onde morar nem renda, apenas a certeza que dali em diante não olharia para trás. Assim, a menina que vendia empadas, tornou-se uma advogada corporativa reconhecida.

Em 2016, recebia mais um prêmio, além de lançar um livro com as melhores práticas de gestão jurídica, o seu trabalho estava entre os 3 melhores do país. Ocupava o cargo mais alto no grupo empresarial que me empregava. Conquistei todos os objetivos materiais traçados.

Ela se orgulhava de bancar o filho sozinha, o enchia de brinquedos, pagava a melhor escola, ocupava seu dia com todas as atividades que o dinheiro podia pagar. Apesar do novo casamento, ainda não havia espaço para outros filhos, afinal, um bebê atrapalharia a carreira e os planos daquela mulher.

Apesar de todo reconhecimento, era uma mulher profundamente vazia. Andava como um trem veloz, por cima de qualquer um. Viciada em trabalho, via nele o único caminho para o flagelado "sucesso". Viajava o país dando aulas e palestras, porém, nada saciava o buraco interior que sentia.

Cresci ouvindo "Case-se com seu trabalho". Vinha de uma família disfuncional e diante do divórcio dos meus pais, fiz minha segunda promessa: "minha profissão será o meu melhor casamento".

O reflexo disso foi ver minha família por um fio: pude senti-los desistindo. Cercada de cobranças, me sentia injustiçada e incompreendida em casa. Mas, cada expressão de decepção no rosto do meu marido e filho, jogavam na cara o quanto eu ainda era incapaz de ser esposa e mãe. Com minhas mãos eu destruía minha casa.

Contudo eu não queria o fim, eu queria que desse certo, só não sabia como. Foi preciso quase perdê-los para descobrir que me importava.

Foi assim que me vi como um fantoche. Percebi que por muito tempo, o mundo era quem tinha controlado minhas escolhas. Fui enganada e não tinha nenhuma feminista empoderada me ajudando a batalhar por eles. Então, lidei com as armas que tinha e travei as primeiras batalhas.

Nasceu Júlia e a Leal Queiroz. Era o início do MEU RENASCIMENTO. Contudo, tentava me convencer que desta vez seria diferente e que, apenas com o planejamento certo, o fracasso familiar estaria resolvido.

Queria fazer tanto sucesso ao ponto de escolher não trabalhar. Então, incluí meus filhos naquela rotina louca e priorizei as viagens de carro. Enquanto isso, lá estava Leo, meu esposo, renunciando tudo outra vez para que nossa família desse certo. Ele se fez motorista e babá. De hotel em hotel, com as crianças, sendo pai e companheiro, colocando-se em último, sem jamais viver para ele. Em uma dessas viagens, percebi que nunca tinha construído um castelo de areia com Samuca. Descobri o meu filho, com um atraso de 11 anos.

Tão breve foi aquele momento, que logo já estava de volta ao mesmo ciclo, com os mesmos vícios e desordens. A viciada em trabalho apenas mudou as formas de usar sua droga e se enganava no caminho. Novamente, tudo era sobre mim. Estava perdida naquele labirinto e não encontraria a saída sozinha.

De repente, uma gestação inesperada e de alto risco me forçou a parar absolutamente tudo. Um freio abrupto, no momento que precisava. Nascia Heitor, prematuro e frágil, sentia dentro de mim algo errado. Logo após, veio a pandemia. Durante todo este período, pude aprender a esperar, lembrei de orações longínquas por paciência, e sem que eu pudesse perceber, tudo havia silenciado. Aprendi a observar, estive mais em casa e pela primeira vez, fui família. Descobri a beleza do ordinário, porém, ainda me sentia perdida.

Sem nada entender, fui atraída ao Mosteiro de Santa Clara. Só queria estar ali e participar da Santa Missa. Minha razão não entendia o que se passava, só olhava maravilhada para o sacrário e todo aquele vazio cessava. Admirava a imagem de Nossa Senhora, imaculada, serena, mansa, obediente, e eu deseja com todas as minhas entranhas, ser como ela. Pensava em seu sim: "Eis aqui a serva do Senhor, faça-se em mim segundo Tua palavra".

Eu cheguei ali exausta. Estava tão cansada de ser rebelde, altiva, de me sentir sozinha, injustiçada, incompreendida, de todo aquele discurso de prosperidade e abundância que ouvia ao "buscar a Deus". Durante aquele ano, frequentei em secreto aquele lugar e algo foi mudando em mim.

Em dezembro, estava viajando em família, quando recebi uma mensagem: era um trecho da homilia do Padre Paulo Ricardo com a frase "lembrei de você." Aquele sacerdote dizia: "Você tá aí, tão cheia de si, empoderada e falando tão convicta: EU DÔ A MELHOR EDUCAÇÃO AOS MEUS FILHOS,

E, QUANDO ELES CRESCEREM VÃO ESCOLHER O CAMINHO A SEGUIR! Lamento, mas o mundo já escolheu por eles!"

Em prantos me perguntei: O que eu estou fazendo com minha vida? Assim, Deus escolheu me resgatar: "Filha, Eu te amo tanto e não quero te deixar como está". Sim, Ele me amou, ainda que arrogante, soberba, autossuficiente e não me deixou naquela escuridão.

Me religuei a Cristo. Decidi romper com tudo que havia em mim e que não O pertencia. Entrei na primeira paróquia, reconhecendo e ardentemente desejando, não com a carne, mas com o espírito, ser parte do corpo dEle, ser Igreja. Vi o menino Jesus na manjedoura, vi o encanto e curiosidade da minha filha, aos 3 anos, que O via pela primeira vez. Ali me dei conta que nunca tinha ensinado meus filhos a rezar.

Na minha miséria, percebi a grandiosidade daquele encontro: a misericórdia, a graça abundante de Quem me amou primeiro. Meses depois, me confessava pela primeira vez, e em um único dia, vi meus 3 filhos batizados, recebi a Comunhão e recebi o santo sacramento do matrimônio.

A partir dali nada ficou fácil e colorido, na verdade escureceu muito. Mas, em Deus, encontrei refúgio e fortaleza. Ele queria me forjar por completo, quebrar aquele sepulcro caiado, matar toda arrogância e soberba, que até hoje persistem em me visitar, para só então me fazer livre.

Para isto, veio a dor da impotência, o luto do filho idealizado, o confronto com as dores do passado, com tão graves pecados e a depressão. TUDO para que eu entendesse que os títulos em minha parede são apenas papel, que o dinheiro na conta serve para ser usado, que as pessoas são falhas e serão apenas criaturas se não forem forjadas, resgatadas e talhadas. Apenas assim, nasce algo novo.

Em Cambará do Sul, veio "a decisão" de mudar a rota! Disse a Leo: "Voltaremos para onde nos perdemos". Entendi meses depois que aquela decisão me preparou para o que viria.

Tive covid, com o pulmão comprometido, lidei com a suspeita de uma leucemia. Na verdade, era uma intoxicação medicamentosa, a qual me deixou inchada, desconcentrada e fragilizada. Contudo, nada disso tinha me causado medo.

Isso eu senti verdadeiramente após os primeiros exames do meu Heitor, ao ouvir da geneticista que tinha algo errado. Minha vida foi virada de cabeça pra baixo, aprendi sobre vulnerabilidade e a olhar para dentro.

"Mas eu, quando estiver com medo, confiarei em ti." Salmos 56, 3. Exercícios tortuosos para uma colérica tentando entender a melancolia. Heitor foi diagnosticado com uma síndrome raríssima: O'Donnel Lurian Rodan. Pela primeira vez, me vi impotente.

Entretanto, meu barco não navegou à deriva. Era a minha provação. Não há tranquilidade e conformismo nas trevas quando uma alma quebra os grilhões com o pecado e, em decisão de abandono e rompimento, clama A Luz. E em meio a tanto engano, o vazio só é preenchido na Cruz, no altar. Neste momento, enfurecido, o inferno se levanta e é aí que muitos se perdem.

Porém, há uma espera e só nos resta confiar, dando todos os dias um passo, lembrando que não é no êxtase e na alegria que somos forjados. Eis a dor do crescimento. Foram os desafios de não saber como lidar com a maternidade atípica e o matrimônio que salvaram minha família, pois me abriram à Graça. Sentir-me perdida e desolada me fez reconhecer que EU não sabia de nada e nada estava sob meu controle.

A soberba precede a queda, mas a humildade precede todo aprendizado. Foi preciso ser humilhada. Só assim eu aprendi. Como aprendi com Santa Faustina, **"O demônio pode ocultar-se até sob o manto da humildade, mas não sabe vestir o manto da obediência."**

Aprendi que a carreira profissional não define ninguém. O sucesso e o dinheiro são bem-vindos, contudo são meios, e NÃO o fim. Nenhum império vale uma família destroçada! Sua família precisa de você agora, amanhã talvez não mais. Não inverta os valores e relativize a Verdade. Seus filhos são almas entregues a serem forjadas para que cheguem ao céu. Seu matrimônio é um caminho de santificação. Sua família é o seu primeiro e maior ministério.

“Seu legado não é a marca que você cria, mas a marca que você deixará nos seus filhos.”

Jéssica Leal

Lady Milena Lima

Lady Milena Lima, mãe do Gustavo, da Suanny e do Murilo, que são minha fonte de força. Filha da Claudete e do Henry, irmã do Robert, neta da Alzerina e da D. Nega (*in memoriam*). Namoro o Dougllas, que é meu maior incentivador, madrasta da Lucíola, tia da Maria Ísis, sogra do Nando, cunhada, comadre, madrinha, nora e amiga.

Advogada especialista em defender mulheres e crianças em situação de vulnerabilidade e violência. Vivi na pele o que muitas das minhas clientes passam e estudo para salvar a mim e aos meus filhos. Encontrei meu propósito de vida: ajudar mulheres que também sofrem não só no casamento, mas que têm constantemente seus direitos desrespeitados em casa, no trabalho e no dia a dia.

ladymilena.adv

+55 (92) 98119-0039

ladymilena.adv@gmail.com

19 TRAUMAS E TRIUNFOS: SUPERANDO AS ADVERSIDADES

Por Lady Milena Lima

Superar adversidades, sobreviver a um trauma e transformar toda dor e sofrimento em um triunfo não só profissional, mas, principalmente, pessoal não é uma tarefa fácil e não vem pronta como uma receita de bolo. Envolve um processo de grande complexidade, como vencer um dia de cada vez, de forma positiva e resiliente. Requer não apenas sobreviver às situações difíceis pelas quais passou, mas usar cada uma delas para crescer e se fortalecer.

Quando seus filhos ainda crianças abrem a geladeira e só veem água tirada da torneira e falam "mãe, tô com fome!", você não tem outra alternativa se não lutar. Mesmo que o mundo julgue e pessoas virem as costas, só você sabe da sua história.

Conto aqui de forma resumida a história de uma mulher, o que ela precisou passar e superar para poder hoje estar fazendo o que faz e realizando sonhos que nunca imaginou.

Não seria surpresa falar que um namoro de uma adolescente de 14 anos (iniciando as descobertas) com um homem oito anos mais velho (com muita experiência de vida), em pouco tempo tornou-se tóxico e abusivo. Como todo relacionamento abusivo, houve a fase do bombardeio de amor e de cuidado, até que se iniciaram as chantagens emocionais e todo o resto que envolve a presa nas teias de um relacionamento tóxico. Tudo isso só foi descoberto e compreendido dezoito anos depois.

Foram cinco anos e seis meses, entre o início do namoro até engravidar e casar, que só aconteceu para que a mulher de 19 anos, na época, tivesse acesso ao plano de saúde dele. O tempo foi passando e já não existiam mais amigos. Foram anos sendo diminuída, traída, sofrendo agressões verbais e físicas – essas sempre em lugares específicos do corpo, para que ela pudesse esconder as marcas, pois ele sabia da vergonha que ela sentia e que não queria ficar conhecida por ser a mulher que apanhava calada. Tudo isso acompanhado de muitas doses diárias de insegurança.

Essa mulher que era sempre chamada de burra, inútil e gorda não conseguia mais nem se olhar no espelho, chegando ao cúmulo de não os ter em casa. Conseguem imaginar o que ela via refletido? Além da pena, sentia muita raiva do que deixou acontecer consigo; então, era melhor não olhar mesmo, até porque, na frente das pessoas, os elogios dele eram os mais lindos. Que confusão mental!

Com a chegada de um filho, renasceu a esperança de que tudo iria melhorar e a família que sempre sonhou seria construída. Mas não foi bem assim que aconteceu. Desempregada, passou a ser dependente financeira dele, fato suficiente para intensificar as ofensas, e a gravidez não atenuou isso. Após 10 meses do nascimento de seu filho, já de volta ao mercado de trabalho, tomou coragem de sair de casa e voltou para a casa dos pais com seu filho, deixando para trás o casamento e os sonhos, pois não queria vê-lo crescer naquele ambiente de brigas e confusões. E o que aconteceu? Não teve o apoio que precisava. As primeiras críticas e ofensas por causa da separação vieram do lugar em que ela deveria se sentir segura, as ofensas só mudaram de endereço. Tendo seu grito de socorro calado e, tendo uma casa, decidiu que era para lá que deveria voltar, mesmo sabendo que era o lugar que lhe trazia sofrimento e angústia.

O tempo foi passando e essa mulher, então com 21 anos, teve uma filha. Como forma de punição por ter saído um período de casa, ouvia que a filha não era daquele homem, tornando as violências verbais ainda mais intensas e perversas.

Antes do nascimento do terceiro filho, ele abriu a primeira empresa, trocando a casa em que moravam por um caminhão, pois ele dizia que os sonhos dele deveriam ser concretizados. Mesmo grávida do terceiro filho, ela era colocada para negociar contratos. Por essa razão, ela poderia sair para jantar, tomar café e "fazer o que fosse necessário", desde que conseguisse o contrato. E foi assim que a empresa fechou e ela fez bons amigos.

O trecho acima resumiu o início da história de uma mulher que tinha tudo para ser mais uma na estatística de violência doméstica silenciada, para agora poder falar da sua jornada de superação, que se iniciou no primeiro mês de 2013. Na tentativa de fazer seu casamento mais uma vez dar certo, propôs a ele uma terapia de casal. E o que ela ouviu foi: "A louca aqui é você, procure a psicóloga que quiser! Eu pago!". Pois bem, foi exatamente isso que ela fez e foi essa a sua primeira e melhor decisão na vida, aos 32 anos.

Quando essa mulher chegou à psicóloga totalmente debilitada e achando que realmente era a louca da história, a ciumenta e a paranoica, que não dava valor ao que tinha em casa, tomou conhecimento do que era relacionamento abusivo e dependência emocional. No entanto, o pior foi enxergar o quanto os filhos estavam em estado de sofrimento por tudo que viviam e presenciavam. À medida que as sessões de terapia avançavam e ela foi se conhecendo melhor, tomou sua segunda melhor decisão: estudar. No entanto, teria que ser um curso que pudesse conciliar com os cuidados dos filhos (o filho mais velho também havia iniciado tratamento psicológico, aos 11 anos), da casa e da nova empresa. Não podia dar margem para que aquele homem a fizesse desistir mais uma vez, como já havia feito outras três vezes.

Foi assim que surgiu o Direito; o mesmo curso que alguns anos atrás já a havia decepcionado tanto, passou a ser sua esperança. Foram cinco anos de estudo, de organização, de preparo e planejamento para se divorciar.

Uma cena muito marcante ocorreu um mês após o início da faculdade. Depois de mais uma briga, ela estava na pia da cozinha lavando a louça, engolindo o choro e conversando em silêncio com Deus (gravem isso). Pedia forças para não desistir. No mesmo instante, seu filho mais velho, com 11 anos, abraçou-a por trás chorando e disse: "Mamãe, falta muito para acabar a sua faculdade e a gente se mudar daqui?".

Lembram a força que estava sendo pedida a Deus? Pois é, veio de imediato. Não pensem que foi fácil. Por várias vezes ela quis desistir, era muito pesado. A raiva daquele homem por vê-la seguir adiante, apesar de todas as dificuldades que ele criava, passaram a ficar mais intensas e eram também transferidas para os filhos. E sim, a todo tempo Deus lhe mostrava que ela não estava só, que Ele tinha planos e projetos para sua vida. E foi assim que Ele colocou quatro anjos para acompanhá-la do início ao fim da faculdade, formando um superquinteto. E cada um, do seu jeito, segurou na mão dela e comprou sua briga.

Em abril de 2018, logo após a festa de formatura de uma amiga e se sentindo a mulher mais linda do mundo, ele saiu de casa. De início, ele queria lhe dar uma lição e achou que logo iriam reatar, mas não foi o que aconteceu. Revoltado, no final desse mesmo ano ele passou a cortar os recursos financeiros para as despesas básicas, não só para ela, mas também para seus filhos, já que toda a renda da família vinha da empresa que pertencia a ambos e estava sob administração exclusiva dele. Ele queria puni-la de todas as formas por ela não querer reatar o casamento e os filhos não o apoiarem. Em 2019, após suspeitas de desvios ocorridos na empresa e de total abandono dos filhos, ela entrou com ações de alimentos e divórcio, com a partilha de bens de forma litigiosa. Para isso, ela contratou uma advogada, que soube então ser despreparada para esse tipo de processo, o que aumentou o sofrimento da família e a fez mudar consecutivamente de advogados. A cada mudança, ela estudava mais sobre o que poderia ser feito em seus processos. Foi assim que, na pandemia, ela foi apresentada a advogadas maravilhosas que defendiam mulheres que estavam passando pela mesma situação. Jamais poderia imaginar que o caos de uma pandemia e o isolamento social a levariam a conhecer mulheres inspiradoras, que lutam para que outras mulheres tenham seus direitos e sejam respeitadas, principalmente pelo Judiciário, que ainda é, na sua maioria, machista.

Atualmente, em abril de 2024, faz seis anos que seu ex-marido saiu de casa, na intenção de lhe dar uma lição. E essa mulher que hoje está com 42 anos tem muito orgulho das decisões que tomou e que a trouxeram até aqui. Há dois anos, ela obteve o divórcio e, há quatro meses, os filhos tiveram a pensão ajustada e não precisam mais se humilhar para um pai que não os quer como filhos. Quanto aos outros processos, mesmo com várias provas de suspeitas de fraude, corrupção e desvio de patrimônio nos autos, nada foi feito. Ela vai desistir? Jamais!

O que quero dizer com tudo isso? Que nunca é tarde para tomar uma decisão na vida. Enfrente seus medos, com cautela e organização, transforme seu trauma em triunfo. Hoje, enxergando além do que os olhos podem ver, tudo o que ela passou e enfrentou em pouco mais de 22 anos de relacionamento e mais seis anos após a separação foi um preparo para que essa mulher e profissional pudessem existir. E entendendo profundamente cada mulher que a procura, sabendo exatamente quais são suas dores, seus medos, seus anseios e todo o sofrimento que carregam, ela pode mostrar a elas que é possível sim mudar a própria história. Só é preciso acreditar, confiar e tomar as decisões corretas.

Essa mulher chegou até aqui com muito esforço, muito estudo, muitas noites de choro e oração, superando-se a cada dia e com muita fé de dias melhores (quem a conhece sabe da imensidão dessa fé). Ela transformou todo o sofrimento e angústia em aprendizado e, hoje, ela pode afirmar que é a advogada que gostaria de ter conhecido em 2018, para que as coisas tivessem sido menos dolorosas.

Sim, ela ainda tem muito a aprender, sonhos a realizar e novos capítulos dessa linda história para escrever. Felizmente, não pode apagar nem o que foi vivido nem os traumas sofridos – porque foi esse o capítulo da sua história que a transformou em uma mulher forte e determinada.

Se você está passando por uma grande tribulação, um grande desafio, tome as decisões que são necessárias e escreva um novo e lindo capítulo da sua história. Aprenda a fazer do limão uma doce limonada. Vai amargar no início, mas quando acertar o ponto do açúcar, ninguém vai segurar você.

E o medo? Vá com medo mesmo. "Nada na vida acontece por acaso, tudo tem um porquê", disse um amigo. Hoje, tudo faz muito sentido.

Deus te abençoe!

“Saiba fazer do limão uma doce limonada. Vai amargar no início, mas, quando acertar o ponto do açúcar, ninguém vai segurá-la.”

Lady Milena Lima

Larissa Jaine

Filha do Pai, filha de dona Juci e Brito – a eles sou grata pela vida – e mãe da princesa Maria Flor. Empreendedora, estudante de Filosofia, terapeuta holística, reikiana, mentora de desenvolvimento feminino, apaixonada por autoconhecimento e energia.

Meu propósito é apoiar mulheres em seus processos, sendo guia nesse caminho do autoconhecimento, apoiando as mudanças e ofertando momentos de despertar e de cura para o sagrado feminino. Despertar mulheres para um relacionamento mais profundo e saudável com elas mesmas e com os outros, apoiar o fortalecimento da identidade, da autoestima e do amor-próprio, bem como o cuidado com o corpo, a mente e o espírito.

Quero ser uma guia para uma conexão que permite a mulher ser mais leve, fluida, próspera e integralmente saudável. E brilhar na sua verdade.

larissajainne

71-999664-4856

larissajainne1@icloud.com

Determinadas a brilhar

MULHERES QUE INSPIRAM E TRANSFORMAM

20 UM REENCONTRO COM VOCÊ, O RENASCIMENTO DE UMA MULHER

Por Larissa Jaine

O que faz uma mulher se perder de si?

Quando menina, eu observava que as mulheres eram chatas, sempre cansadas, "reclamonas", sempre cobrando. Eu as via fazendo e fazendo, suprindo as necessidades de todos e negligenciando as próprias. Eu observava um comportamento de insegurança, depreciação do próprio corpo e capacidade, críticas em relação às mínimas imperfeições umas das outras e à cobrança que elas se impunham. Eu observava a diferença entre elas e os homens, que descansavam, curtiam, permitiam-se ser cuidados, sempre confiantes e seguros de si. Eu via nitidamente os padrões.

E eu até falava: "Não serei como elas". Eu vi mulheres dependentes financeiramente se reduzindo em casamentos falidos e, ao mesmo tempo, também vi mulheres construírem grandes fortunas, carreiras consolidadas e, ainda assim, caírem nas armadilhas das relações. Vi muitas mulheres aceitando o inaceitável e vivenciando as dores no coração, secando com a falta de amor e alterando sua identidade para sustentar a imagem de mulher de valor para a sociedade. Também vi mulheres com depressão por se manterem em estado de inércia diante de seus caminhos, mulheres sendo mãe solo e entregando tudo o que elas tinham e não tinham em nome da sobrevivência, abandonando seus sonhos para só embalar a família. Vi mulheres na solidão, longe de amigas ou de vínculos sociais saudáveis por acharem que só assim existe uma família feliz. Vi mulheres negligenciando suas dores físicas e ignorando seus dons mais preciosos, silenciando sua intuição, por serem chamadas de "malucas". Vi e ainda as vejo. Em meus atendimentos, no dia a dia e nos diversos casos. E eu julgava essas mulheres.

Eis que me tornei uma mulher e, de repente, as coisas começaram a se movimentar diferente. Um relacionamento abusivo me mostrou como é fácil cair nesse lugar. A maternidade me mostrou como é fácil esquecer de si mesma, aos poucos. O tempo foi me mostrando como criamos uma rivalidade oculta e perigosa – e nos afastamos. Como a cada nova fase somos julgadas, como mães, por causa da idade, por religião ou por nossas escolhas. E essas críticas e julgamentos também estão impregnados em nós e se manifestam naquela vozinha na nossa psique que reprime, cobra, julga e não aceita; aquela vozinha que fica induzindo à necessidade de autoafirmação, de pertencimento, mas que também nos diz que é preciso ser algo diferente do que se é, ou que você é insuficiente e precisa disso ou daquilo para ser amada, acolhida e aceita. No entanto, você merece tudo isso só por existir. Você sendo quem você é, respirando, viva, já é o suficiente. Internalize isso.

Eu estava entrando em um *loop* de autocobrança extrema, exaustão, rigidez, ansiedade, tensão. Passei a não dar atenção a mim, ao meu corpo, e, com o tempo, a libido também foi sumindo. Desconexa de mim, do meu amor-próprio e da minha própria aceitação, buscava inconscientemente aceitação e pertencimento no externo, movida pelo ego.

Eis que eu já não sabia quem eu era. Cheguei a não saber o que queria nem do que gostava. Nada fazia sentido. Eu acordava e dormia insatisfeita e desanimada. A transição da menina para a mulher, agora mãe, com uma família, carregando responsabilidades não me permitia espaço para ser a Larissa de sempre (na minha visão limitada), implacável, cheia de desejos, alegrias, ideias, liberdade e vida. Fui murchando e perdendo vida.

O desânimo era constante, sempre cansada, nunca tinha tempo para mim, para as amigas, nunca participava de eventos. Fui me isolando, sendo apenas mãe, esposa e buscando resultado profissional. Fui me esquecendo de mim, deixei de treinar, de me alimentar bem, de me arrumar, passei a querer mostrar o meu valor em vez de me concentrar em mim e em minha vida, esperando reconhecimento. Queria alcançar o padrão de mulher perfeita, esses aí que tentam nos vender e ensinar. Deixei de ouvir meu coração para ouvir convenções. Fui me distanciando de mim e meu relacionamento comigo mesma já nem existia. Quando nos encontramos assim, temos muitas camadas a adentrar.

É preciso um mergulho em nós mesmas para criarmos um relacionamento mais seguro com nós mesmas, para tornar tudo mais leve, mais fluido, mais próspero e abundante. Por mais que nossa vida nos coloque em uma nova posição, dentro de nós sempre ficará uma faísca do que somos verdadeiramente, a nossa essência. Essa chama está aí, dentro de você, dentro de mim, dentro de todas nós, pronta para ser alimentada, para incendiar a sua verdade e potência para o mundo. Convido você a voltar ao momento exato em que acredita que se deixou e reacender essa chama, para que aconteça esse movimento de renascimento.

Quando estamos presas a um desses momentos, em que percebemos que uma parte de nós está morrendo ou está morta (parte essa que deve realmente morrer para que uma nova surja), ficamos apavoradas. Um turbilhão de emoções domina a mente e o medo tenta nos paralisar (no caso de nós, mulheres, isso é ainda mais profundo). Quando aparece o medo, perdemos a oportunidade de permitir essa morte para renascer com soberania. Boicotamos a gestação de uma versão nossa ainda melhor.

Aos 17 anos, tatuei uma fênix, porque já tinha experimentado renascer das cinzas e achava o máximo esse poder. A morte e a seca marcam o fim de uma versão que já não faz sentido existir, é a renúncia a muitos credos e certezas. Esses períodos são uma oportunidade de mergulhar em si e criar um relacionamento de amor com você, uma oportunidade de ser a sua curandeira, a sua *coach*, a sua amiga, mãe. É a hora de ter sua energia concentrada em você, no seu corpo, na sua mente, no seu espírito, no seu renascimento.

O universo nos convida a esse mergulho de tempos em tempos, apresentando situações distintas, às vezes com muito amor, às vezes com dor. O melhor é fluir nesse movimento, chegar às profundezas e gestar uma nova versão sua, acendendo aquela chama que está aí dentro, só esperando você atear fogo.

Em meus atendimentos, percebo o quanto o processo é desafiador. Estamos rodeadas de armadilhas e distrações; é muito fácil nos roubarem energia e tempo, se não estivermos em um relacionamento profundo com nós mesmas.

Uma teia invisível insiste em dizer que não podemos ser boas mães e boas profissionais, que não podemos gerir um lar e cuidar integralmente da gente; que não dá para sermos espiritualizadas e ao mesmo tempo reais; sermos sensuais, femininas e sermos mulheres de respeito e caráter. Ou, ainda, que precisamos reprimir nossa sexualidade, nosso corpo, nossas vontades e nossos desejos. Matamos a nossa autenticidade. Perdemos o olhar para o prazer, o prazer em nosso corpo, em nossa rotina, em nossos afazeres; perdemos o entendimento do nosso merecimento e valor diante da vida. São tanto os barulhos externos que se não nos projetamos para dentro de nós, não nos ouvimos e ficamos perdidas, nadando na maré.

Existe um caminho e sua decisão pode mudar o seu mundo e suas vivências. Esse caminho está no seu coração, em sua verdadeira essência. Existe um caminho para uma conexão profunda com você mesma. As respostas são consequências de um longo processo que só o autoconhecimento pode trazer. No entanto, provoco aqui esse despertar para que esse processo tenha início.

Esqueça as fórmulas prontas, você só terá respostas assertivas se for buscar em você mesma. Olhe para sua vida hoje. O que não está bom? O que não faz bem a você? O que está sugando sua energia? O que pode melhorar? Tenha clareza disso para liberar, deixar ir. Não tenha medo de enfrentar a morte, só assim você poderá renascer. Você só precisa ser você para a mágica acontecer. Sem pressão, sem vaidade, sem expectativas. Só você, sendo você e fazendo o que faz sentindo ao seu eu, mesmo que para os outros não faça.

O que você sempre gostou de fazer e deixou de fazer com o tempo? Quais atividades alimentavam sua alma e a preenchiam de vida e agora estão esquecidas? O que você pode fazer, diariamente, para se conectar com seu lado mais leve e divertido? Toda mulher tem uma arte secreta que tem vergonha de mostrar ao mundo, uma arte que é só dela. Qual é a sua arte (mesmo que você não seja boa)?

Não tenha medo de se priorizar em suas escolhas, escolha a sua verdade, ao que a deixa em estado de completa paz. Não sinta culpa por desagradar o mundo, quando está se agradando. Pare de justificar sua vida, a colheita das suas escolhas e decisões só você colherá.

O primeiro julgamento começa em você, então, antes de achar que o que atrapalha é o julgamento dos outros, como andam as suas lentes de julgamento? Às vezes, é você mesma que está se aprisionando. Aceite-se exatamente como é e também o seu próximo. Como diz Alexandre Coimbra Amaral: "Respirar é ato primordial da vida e é o esquecimento primordial da vida exausta". Lembre-se de parar e respirar durante os seus dias, crie rituais rápidos de sossego, ouvindo uma música, tomando um chá, praticando meditação, ioga ou, ainda, respirando e contemplando o presente.

Todas temos em nós uma criança pedindo afeto, aceitação, proteção e amor. Honre essa pessoinha e dê tudo que ela precisa. Agora você é adulta e pode fazer isso por ela, acolha-se e permita-se conectar com sua versão mais amorosa. Você não precisa ser incrível o tempo todo, permita-se ser o que consegue às vezes. Seja real e não perfeita.

Acredite e confie em você.

Estabeleça limites e os cumpra.

Saiba fazer valer suas prioridades.

Esteja com outras mulheres.

Delegue, peça ajuda, seja vulnerável, fale sobre o que sente.

Cuide-se profundamente, do seu corpo, da sua mente, do seu espírito, das suas finanças e tudo o mais. Equilibre o servir e o ser servida. Servir os outros é importante e faz parte do nosso feminino, mas é preciso equilibrar: servir, servir-se e ser servida.

E, por último, busque apoio para seu autoconhecimento, sozinha você vai fundo, mas sendo guiada você ainda vai mais fundo, e rápido. Deixe essa mulher sobrecarregada, rígida, cheia de julgamentos e limitações abrir espaço para uma mulher leve, equilibrada, fluida, alegre e cheia de prazer pela vida. Conectada consigo mesma, você sempre estará brilhando e irradiando toda a sua potência feminina. Tanto suas relações quanto sua vida serão beneficiadas.

“Estamos rodeadas de armadilhas e distrações. É muito fácil nos roubarem energia e tempo, se não estivermos em um relacionamento profundo com nós mesmas.”

Larissa Jaine

Michelle Borck

Michelle Borck nasceu em 17 de março de 1984. Mulher forte e determinada que desde muito pequena precisou assumir a liderança da sua vida. Começou a trabalhar quando tinha apenas 14 anos, para se sustentar e sobreviver.

Tudo o que aconteceu no seu passado determinou sua força e autonomia, que hoje se manifestam na grande mulher que se tornou, independente e dona de si.

Casada e mãe de um menino apaixonante de 5 anos, Michelle ama seu trabalho e dedica-se à Deus e à sua família.

Por intermédio de seu trabalho, Michelle já impactou a vida de centenas de pessoas, revelando a elas o segredo de seu sucesso: seu método inigualável de posicionamento *premium* e vendas de alto valor. Junte-se a ela em sua jornada e descubra como você também pode conquistar o topo, alcançando um novo nível de sucesso e realização em sua vida.

michellepborck

+55 (65) 99950-2486

mentora@michelleborck.com.br

Determinadas a brilhar

MULHERES QUE INSPIRAM E TRANSFORMAM

21 POSICIONAMENTO *PREMIUM* E VENDAS DE ALTO VALOR

Por Michelle Borck

Sou Michelle Borck e minha jornada é uma emocionante história de transformação e sucesso. Com 40 anos de vida, sou uma mulher realizada profissional e pessoalmente. Sou casada e mãe de um filho incrível, de 5 anos, meu motivo para não desistir da vida e lutar por meus objetivos.

Meu caminho no mundo dos negócios começou com minha formação em Administração e prosseguiu por mais de 17 anos dedicados à área Gestão Empresarial. No entanto, em março de 2020, tudo mudou quando entrei no universo do marketing digital. Desde então, minha paixão por estratégias digitais só cresceu. Investi tempo e recursos em treinamentos e mentorias para me aprimorar e, em junho de 2020, iniciei minha carreira como estrategista digital. Minha missão: ajudar outros especialistas a compartilhar seu conhecimento e vender seu trabalho digitalmente.

Em menos de três anos, impactei a vida de centenas de profissionais, permitindo que eles aumentassem, significativamente, suas receitas com estratégias práticas e eficazes, para faturar mais de cinco dígitos mensais trabalhando com o digital. Mas nem sempre foi assim.

Nasci no interior de Santa Catarina e logo fui morar no interior do Mato Grosso. Quando tinha apenas 3 anos, meus pais se separaram e voltamos a morar em Santa Catarina. Não vi meu pai até os 6 anos, quando ele retomou o contato conosco. Minha mãe lutou muito para nos criar. Trabalhava em três empregos diferentes para poder construir uma casa e nos dar educação.

Quando eu tinha 9 anos, minha mãe foi embora pela primeira vez. Deixou-me morando com minha avó e só retornou quando eu estava com 14 anos. Então ela se casou e foi embora novamente. Sozinha, sem saber o que fazer, pedi emprego para uma tia. Trabalhava muito, das 5h às 17h, e à noite frequentava a faculdade. Muitas vezes, não tinha tempo de tomar banho nem de comer. Ao vivenciar todo esse cenário, nasceu em mim uma vontade de buscar conhecimento para aprender o que eu poderia fazer para ganhar mais e conseguir ter uma vida melhor. Com muito esforço e dedicação, me formei na faculdade de Administração e voltei a morar em Mato Grosso, para trabalhar com meu pai.

Nessa mesma época, conheci Jesus. Eu me sentia sozinha, tinha um vazio enorme dentro de mim. Lembro-me do dia em que estava indo ao banco de bicicleta, para pagar uma conta de energia para o meu pai, e me deparei com uma igreja evangélica. Eu já tinha visto o pregador na TV, pouco antes de mudar de estado, então comecei a chorar, pois fiquei feliz em ter encontrado o que eu estava buscando.

Foram anos muito difíceis morando no interior e trabalhando com meu pai. Em 2009, desisti de tentar me adaptar a esse trabalho com ele e decidi seguir o meu caminho. Resolvi ir embora e fui trabalhar em uma fazenda que ficava a uns 60 km da cidade onde eu morava. Foi nessa fazenda que comecei a realmente me desenvolver na minha carreira. Fiquei lá por dois anos e senti uma tristeza profunda ao sair. Passei alguns meses sem trabalhar, não sabia o que fazer e dizia a Deus que não queria retroceder. Foi então que a minha busca tanto por Jesus quanto por melhorar o meu trabalho, para que eu conseguisse alcançar o sucesso, me fez avançar.

Trabalhei em outras empresas e, com isso, dei início à saga que me levou ao meu contínuo desenvolvimento profissional. Mesmo tendo bons salários, trabalhando muito e avançando, algo não me preenchia por completo. A busca desenfreada por mais conhecimento, mais um curso, mais um treinamento, fazia com que eu gastasse todo o meu dinheiro, pois eu achava que não era boa o suficiente e que precisava sempre buscar mais para ser melhor. A necessidade de preencher algo interno desencadeou vários danos emocionais, com uma fuga imensa da vida, e eu pensava em trabalho por quase 24 horas do dia.

Em 2013, tive o primeiro *burnout*. Não via mais sentido na vida. Queria apenas trabalhar e dormir. E se ficasse sem trabalhar, pensava que nada mais me restava. Essa busca desenfreada em ser notada e reconhecida pelos meus esforços quase acabou com a minha vida. Perdi as contas de quantas vezes chorei escondida, mas eu tinha certeza de que Deus me ouvia. Que era questão de tempo para eu sair de onde estava e ter realmente o sucesso que almejava.

Tive trabalhos excelentes, que me proporcionaram bons cargos e bons salários, mas eu ainda não me sentia preenchida. Desde cedo fui colocada em cargos de liderança. Na maioria das empresas em que trabalhei, eu era uma pessoa muito carrancuda, brava, rígida e assertiva, porque eu queria que tudo saísse perfeito. Eu fazia sempre o meu melhor para dar bons resultados, mas, muitas vezes, não era reconhecida. O que me motivava nem era o salário, mas um elogio de um superior e o reconhecimento pelo meu esforço e pela minha dedicação. Para mim, isso era melhor que um aumento de salário.

Em 2016, conheci meu esposo, um homem diferente de todos aqueles com os quais já tinha me relacionado. Eu, que nunca quis casar e ter filhos, me vi apaixonada.

Nós nos conhecemos em um momento difícil para mim. Eu tinha saído de um trabalho e feito um planejamento para oito meses, período em que seria possível manter o mesmo padrão de vida, mas, em decorrência de um investimento errado, em três meses acabei com todo o dinheiro reserva. Desenvolvi depressão e cheguei a pensar em tirar a minha vida.

No entanto, a certeza de que sou filha amada do Deus Vivo, que sou imagem e semelhança do Criador e que Ele me ama do jeitinho que sou, me motivou a continuar. Deus cuidou de mim em todos esses momentos, me sustentando, me dando forças para não desistir e me deu uma família linda.

Hoje agradeço a meu esposo que, mesmo não entendendo muito bem meus desafios, sempre me apoiou no cuidado com o nosso filho para que eu pudesse trabalhar, muitas vezes até de madrugada, e também pelos diversos momentos em que precisei viajar e me concentrar nos estudos.

Quero agradecer também à minha querida sogra Marta Borck. Mulher corajosa, trabalhadora, que sempre buscou o melhor para seus filhos. Desde o dia que me conheceu, sempre me apoiou e me encorajou a lutar pelos meus objetivos. Nunca me disse uma palavra sequer que pudesse me desencorajar, pelo contrário, sempre me incentivou, dizendo: "Filha, vai lá! Você vai conseguir! Você é muito dedicada, parabéns!".

Então, quero convidá-la a seguir comigo nesta jornada, em que você descobrirá as estratégias que transformarão sua realidade financeira e pessoal. Até pouco tempo atrás, o momento era dos lançamentos, em que as pessoas realizavam uma série de etapas até "abrir caminho" e buscar os grandes faturamentos. O ano de 2024 é o do funil de vendas, uma tendência no mercado americano que tem sido implementada e está ganhando popularidade por aqui.

Com múltiplos funis de vendas, você tem vendas acontecendo todos os dias.

Vou mostrar agora os cinco pilares para você atrair os clientes certos para seus negócios, possibilitando que você seja reconhecida como líder em sua área de atuação, recebendo o valor que você verdadeiramente merece pelos seus serviços, programas de consultas, consultoria e mentorias.

Pilar 1 – Posicionamento de alto valor

Transformar sua marca em uma autoridade respeitada, permitindo que você estabeleça preços *premium* e construa uma base sólida de clientes fiéis.

Pilar 2 – Imagem amplificadora de resultados

Elevar a percepção de valor que as pessoas têm da sua marca, desde a identidade visual até a sua reputação *on-line*. Garantirá que cada aspecto da sua imagem transmita profissionalismo, confiança e sucesso.

Pilar 3 – Conteúdo expansor de autoridade

Criar uma presença *on-line* que não apenas informa e educa, mas também que posicione você como uma autoridade em seu nicho de mercado. Seu conteúdo deve ser uma fonte de inspiração e conhecimento, não só atraindo uma audiência engajada, mas também construindo sua reputação como autoridade na sua área de atuação.

Pilar 4 – Atração de clientes premium

Suas estratégias de marketing para atrair um público selecionado que reconhece o seu valor devem alcançar aqueles que buscam qualidade, excelência e resultados superiores.

Pilar 5 – Processo de vendas de alto valor

Transformar suas interações com seu perfil em oportunidades comerciais fará com que você consiga oferecer soluções personalizadas, agregar valor e demonstrar porque você é a melhor escolha. Juntas, minha equipe e eu, geramos resultados excepcionais, acumulando múltiplos 6 dígitos com infoprodutos e serviços.

Vamos juntas trilhar o caminho do sucesso e alcançar novos patamares de prosperidade, a vitória é o nosso destino. Estou aqui para liderar sua jornada de sucesso e autoridade.

Tenho como objetivo principal orientar mulheres especialistas e mentoras na sua jornada de sucesso no mundo digital, direcionando especialistas que já conquistaram sucesso no mundo *off-line* e desejam alcançar voos ainda mais altos no mundo digital. Sou especialista em posicionamento *premium* e estratégias de vendas de alto valor no cenário digital. Minha missão é clara: capacitar mentoras e especialistas para se destacarem no ambiente digital, construírem autoridade, estruturarem negócios sólidos, dominarem a estratégia de vendas de alto valor passando por uma transformação financeira significativa. Com a minha orientação, você alcançará um faturamento excepcional de múltiplos cinco dígitos e terá a influência que merece no mundo digital. Sua jornada para o topo começa agora e eu sou sua aliada para conduzi-la até lá.

Então, quero encorajar você, mulher, a não desistir do seu sonho mais profundo. Saiba que Deus é o Deus do impossível e Ele pode mudar a sua história, a sua realidade, assim como mudou a minha. Basta você buscá-lo de todo o seu coração.

Seja determinada a brilhar!

"Busque direcionamento em áreas em que você precisa se desenvolver, e isso fará com que você alcance lugares com os quais jamais sonhou."

Michelle Borck

Naty Barreto

Nataniele Barreto, nome artístico Naty Barreto, herdado pelo rádio. Filha de pai gaúcho e mãe nordestina, nasci em Aracaju (SE) e vivo no sul do Brasil desde os 15 anos. Mãe da Nátaly e Valentina. Jornalista com MBA em Gestão, Liderança e Coaching de Equipes, e em Redes Sociais; *coach* e analista comportamental. Por meio de palestras, mentorias e treinamentos, me dedico a impulsionar o desenvolvimento da comunicação e oratória de líderes.

Já enfrentei o medo de me expor, venci crenças limitantes e inseguranças, e hoje, com a voz empoderada, inspiro outras mulheres a fazerem o mesmo. Acredito que a comunicação é a chave que abre portas para o sucesso pessoal e profissional.

Saiba mais:

natybarreto.oficial

+55 (55) 99957-5677

contatonatybarreto@outlook.com

Determinadas a brilhar

MULHERES QUE INSPIRAM E TRANSFORMAM

22 COMO DESENVOLVER SUA ORATÓRIA E BRILHAR NOS PALCOS DA VIDA

Por Naty Barreto

A voz que desabrochou

Meu nome é Naty Barreto e hoje, aos 34 anos, me sinto como um girassol em pleno florescimento: vibrante, radiante, com raízes profundas e um sorriso que irradia a alegria de quem encontrou seu propósito. Mas nem sempre foi assim. Minha jornada até aqui foi marcada por desafios, inseguranças e superação de obstáculos que me moldaram como mulher, comunicadora, mentora, treinadora e palestrante. Independentemente das qualificações e atuações, sou uma mulher que decidiu dar voz à sua voz para brilhar nos palcos da vida. E quando falo em "palcos da vida", refiro-me a todos os momentos em que **é possível** se expressar e se conectar com o mundo, que pode ocorrer em um palco físico, como em uma palestra ou apresentação, mas também em situações cotidianas, como em uma reunião de trabalho, uma conversa com amigos ou até mesmo em uma postagem nas redes sociais.

Na infância e adolescência, a timidez era minha sombra constante. O *bullying* na escola me silenciou, me tornando introvertida e receosa de me expressar. A insegurança me impedia de compartilhar minhas ideias e me escondia atrás de uma máscara de indiferença. Minha voz interior clamava para ser ouvida, mas o medo a aprisionava.

As oportunidades escapavam por entre meus dedos. Nas apresentações escolares, eu era a que, por vezes, levava o trabalho nas "costas" e outras pessoas apresentavam, pois tinham a coragem de se expor. O medo do julgamento e da rejeição me dominava. E, de certa forma, naquela situação, o meu saber não me posicionava, não me destacava. E muitas vezes precisei que os colegas dissessem que eu havia sim contribuído com o trabalho. Como eu me recusava a apresentar trabalhos, sempre recebia notas inferiores às dos colegas, embora eles lessem o trabalho minutos antes da apresentação. Cheguei à conclusão que o conteúdo se potencializa ainda mais quando sabemos expor para o outro. Entre fazer e não expor, muitas vezes, deparamos com falta de reconhecimento.

A frustração de ter o conhecimento, mas não ser valorizado, é real para muitos, assim como foi para mim: você se dedica, pesquisa, elabora um material incrível, mas na hora de apresentá-lo o medo tem efeito paralisante e as palavras fogem da sua mente. A sensação de impotência é enorme e você se pergunta: "Por que isso acontece comigo?".

A resposta é simples: por medo do julgamento. A insegurança de ser avaliada, criticada e rejeitada a impede de mostrar todo o seu potencial. Você se concentra nas suas falhas e nos erros que pode cometer, esquecendo-se do valor que o seu conteúdo tem para o público.

Muitas vezes, não se trata de trauma, bloqueio nem medo, mas dificuldade por não saber como expor em público de modo confiante e estratégico. É preciso apropriar-se de técnicas e buscar o autoconhecimento.

Despertar para a transformação

Um dia, como um raio de sol rasgando as nuvens, a oportunidade de apresentar um livro para a turma despertou algo adormecido em mim. Desesperada, mas com um desejo ardente de me libertar da timidez, aceitei o desafio. Criei um método inovador para a apresentação, utilizando recursos visuais e dramatização. O resultado foi transformador. Passei de tímida e calada para ser a "profe" dos alunos. Também recebia colegas da minha e de outras turmas em casa para ajudá-los na apresentação de trabalhos, incluindo aqueles que não tinham vergonha de se expor. Eu tinha a didática, desenvolvi um método que nem eu mesma sabia em que consistia.

A chave do sucesso

No dia da apresentação, respirei fundo e deixei minha voz ecoar pela sala. A timidez deu lugar à paixão. O nervosismo se transformou em entusiasmo e o que antes era pesadelo se tornou um triunfo. A partir daquele dia, algo dentro de mim se iluminou. Eu havia descoberto o poder da oratória. A partir daquele momento, embarquei em uma jornada de autodescoberta e desenvolvimento. Mergulhei no universo da comunicação, devorando livros, cursos e técnicas. Aprimorei minha voz, postura, linguagem corporal e desenvolvi meu próprio estilo de comunicação.

Com o tempo, percebi que minha paixão pela comunicação poderia ajudar outras pessoas a superar os próprios desafios. Nasceu, então, a

Mentoria Fale Poderosamente, um programa que combina técnicas de comunicação e oratória com desenvolvimento pessoal.

Minha missão

Minha missão é ajudar "girassóis", como você, a florescer, a descobrir a própria voz e a brilhar nos palcos da vida. Acredito que todos temos algo único a compartilhar, e a oratória é a ferramenta que nos permite conectar, inspirar e transformar o mundo.

O método T.T.E.D.

O método T.T.E.D. (Treinar, Treinar, Estudar e Desenvolver-se) é o pilar da minha mentoria. Por meio de exercícios práticos, *feedbacks* construtivos e em um ambiente acolhedor, meus mentorados desenvolvem suas habilidades de comunicação e se preparam para conquistar seus objetivos.

A arte de falar em público

A oratória vai além de técnicas e ferramentas. É uma arte que exige autoconhecimento, autenticidade e paixão. Requer que o orador se conecte com o público, transmita mensagens com clareza e impacto, e inspire mudanças positivas. Para falar em público com confiança e estratégia, é preciso fazer uma viagem interior. Trabalhar a comunicação intrapessoal antes da interpessoal pode virar chaves que a impedem de brilhar, pois o interno reflete no externo – até mesmo os pensamentos. Qual é a voz que você escuta? Tudo reflete em sua comunicação, independentemente de ser verbal, não verbal, visual ou escrita.

Vale ressaltar que tudo comunica muito antes de se abrir a boca. Nunca é só sobre o que você fala. É *como* você fala e *como* o outro entende o que você falou. Assumir a autorresponsabilidade é primordial para quem busca falar em público de forma eficaz. E lembrar que o seu público pode ser apenas uma pessoa, sua família, seus amigos, seus colegas de trabalho, sua equipe, seus seguidores ou uma plateia.

Dom ou talento

Falar bem em público não é dom. Para alguns, a exposição pode ser fácil, mas é importante saber que a oratória pode ser desenvolvida e potencializada. Eu, por exemplo, precisei me desenvolver para me encontrar na comunicação e só vou continuar a fluir se continuar a me desenvolver e a enfrentar os desafios que estão por vir.

O medo do julgamento é um fantasma que assombra muitos de nós, mas lembre-se: o pior conteúdo apresentado pode iluminar as trevas de alguém. Não permita que o medo imponha limites a você e lembre-se: a escolha é sua, você pode continuar a se esconder nas sombras ou dar voz à sua verdade interior.

Minha trajetória é prova de que a transformação é possível. A menina tímida que se escondia atrás do silêncio se tornou uma mulher vibrante que inspira multidões. Se eu consegui, você também consegue.

Dominando a arte da oratória: brilhe nos palcos da vida

1. Despertando a oradora que existe em você

O primeiro passo é mergulhar em um processo de autoconhecimento. Reflita sobre suas ideias, valores e a mensagem que deseja transmitir ao mundo. Explore diferentes estilos de comunicação e identifique aquele que melhor se conecta com sua essência.

2. Dominando o conteúdo

A base da oratória reside na construção de um conteúdo sólido e engajador. Pesquise o tema, organize suas ideias de forma clara e concisa e utilize recursos como o *storytelling* e exemplos práticos para prender a atenção do público.

3. A voz que transforma

Sua voz é um instrumento poderoso. Aprenda técnicas de respiração, articulação e projeção vocal para garantir uma comunicação clara, expressiva e agradável de ouvir.

4. Linguagem corporal que fala

Sua postura, gestos e expressões faciais também comunicam. Domine a linguagem corporal para transmitir confiança, entusiasmo e conectar-se com o público em um nível mais profundo.

5. Prática: a chave para a excelência

A prática leva à excelência. Treine suas habilidades de oratória em diferentes contextos, seja em frente ao espelho, com amigos, seja em grupos de estudo. Grave-se e observe seus pontos fortes e fracos para aprimorar continuamente. Eu costumo dizer: "A energia vale muito mais que a perfeição. Comprometa-se com o seu progresso para atingir a excelência".

6. *Feedback*: a jornada contínua

Busque *feedback* construtivo de mentores, colegas e público. Utilize essas informações para ajustar sua comunicação e se tornar uma oradora cada vez mais eficaz.

7. Enfrentando o medo

O medo do palco é comum, mas pode ser superado com preparação e prática. Acredite em seu potencial e lembre-se que sua mensagem é importante e pode fazer a diferença na vida das pessoas.

8. Brilhando nos palcos da vida

Com dedicação e persistência, você estará mais preparada para brilhar nos palcos da vida, que podem surgir na forma de apresentações de trabalho, palestras, entrevistas ou qualquer outra situação. Sua oratória impecável vai abrir portas que permitirão a você alcançar seus objetivos.

9. Responda a estas perguntas para iniciar sua jornada:

- Qual mensagem você deseja transmitir ao mundo?
- Qual estilo de comunicação se conecta melhor com sua essência?
- Que temas a inspiram e a motivam?
- Qual é o seu nível de conhecimento sobre os temas que deseja abordar?
- Como você se sente ao falar em público?
- Que medidas você está disposta a tomar para desenvolver suas habilidades de oratória?

Lembre-se: o caminho para o sucesso na oratória exige dedicação, autoconhecimento e prática constante. Acredite em seu potencial e abrace a oportunidade de transformar sua voz em uma ferramenta poderosa para inspirar e impactar o mundo.

Dê o primeiro passo agora!

- Inscreva-se em um treinamento de oratória ou procure um mentor(a) que possa auxiliar em sua jornada.
- Leia mais livros e artigos sobre o tema.
- Participe de grupos de estudo e *workshops*.
- Pratique suas habilidades de oratória em diferentes contextos.
- Busque *feedback* construtivo e utilize-o para aprimorar sua comunicação.

Com perseverança e paixão, você se tornará uma oradora excepcional, capaz de conquistar seus objetivos e brilhar nos palcos da vida. E, claro, conte sempre comigo para ajudar nessa jornada.

Eu chamo de girassol pessoas que decidem brilhar na vida. Espero que você seja uma delas!

"Dê voz à sua voz e decida brilhar nos palcos da vida!"

Naty Barreto

Patrícia B. Pimentel Bonazza

Sou Patrícia Bandeira Pimentel Bonazza, natural de Cruz Alta/RS. Sempre me vi como uma pessoa determinada e nunca tive um perfil de conformidade com o menos. Minha primeira atividade remunerada foi aos 14 anos, como entregadora de panfletos; depois fui manicure, mas o meu sonho era cursar Direito e ser advogada, então eu estudei muito e consegui uma bolsa de estudos.

Fiz estágios, fui assessora de juiz, me formei, passei na OAB e, aos 22 anos, eu já era advogada. Hoje, aos 37, me dedico também à minha família – meu marido Juliander Bonazza e meu filho Gonçalo – e estou à serviço da vida, seguindo o meu propósito de ajudar pessoas por meio do autoconhecimento, do entendimento sistêmico e do desenvolvimento humano.

patricia_bpimentel

+55 (55) 99165-3719

Determinadas a brilhar

MULHERES QUE INSPIRAM E TRANSFORMAM

23 OCUPE O SEU LUGAR, PROTAGONIZE A SUA HISTÓRIA

Por Patrícia B. Pimentel Bonazza

Ocupar o seu lugar é estar alinhada com quem você veio ser! Mas você sabe quem realmente é e as potencialidades que carrega, capazes de transformar você em alguém que protagoniza a própria história? Todos nós, ao chegarmos neste mundo, recebemos um lugar e viemos a serviço de vivermos uma jornada projetada especialmente para nós. Assim como cada ser humano e sua respectiva digital são exclusivas, esse processo vivencial também é único, delineado exatamente na medida das necessidades evolutivas de cada um de nós, para que seja possível alcançarmos a nossa melhor versão e, assim, desfrutarmos do máximo potencial que a vida pode nos oferecer.

Uma das consciências que é capaz de nos fazer atingir um nível avançado de desenvolvimento, em todos os aspectos da vida pessoal, profissional e espiritual, é justamente a de que já nascemos programados e com todos os recursos internos necessários para ocuparmos o nosso lugar no mundo, o que torna possível a vida abundante, leve, próspera e feliz que desejamos. E tudo isso está ao nosso dispor no mundo externo, desde que permitamos nos sentir merecedores, direcionemos a nossa mente para o mais e possamos olhar para a vida com olhos de quem quer enxergar.

Naturalmente, muitas pessoas não se veem nesse contexto. A começar por mim, que até há pouco tempo não me sentia no fluxo do mais, pois, aos 33 anos, eu ainda morava na casa da minha mãe e não tinha perspectivas de relacionamento, família, uma carreira satisfatória e evolução financeira. Estava há anos sem falar com o meu pai, em decorrência de uma questão familiar, doente física e emocionalmente e à beira da depressão. Ou seja, nessa época, eu estava desconectada de mim e da minha essência, porque estava completamente fora do meu lugar de força e, consequentemente, enfraquecida em todas as áreas da vida.

Estar fora do nosso lugar significa dizer que, muitas vezes, ocupamos simbólica e energeticamente papeis que não são nossos, em uma tentativa inconsciente de fazer pelo outro algo que compete somente a ele. É quando no seu íntimo você atua em qualquer outro lugar que não é o seu. Comumente, essa postura ocorre dentro do nosso próprio campo familiar, porque é justamente nele a nossa primeira experiência de ocuparmos um lugar, que é o de filha. Inclusive, é dentro do contexto familiar que estão os nossos maiores desafios e emaranhados emocionais, bem como a possibilidade de aprendizados que são extremamente úteis ao longo da vida, enquanto ocuparmos outras posições.

O nosso primeiro lugar na vida é o que baliza todos os outros. Quem facilmente sai do seu lugar de filha perante os seus pais e seu sistema, igualmente, e com frequência, vai reproduzir esse mesmo comportamento frente a outras posições na vida. Por exemplo, se você é a caçula, mas quer resolver os problemas dos irmãos, está fora do lugar, agindo talvez como irmã mais velha ou como um dos pais. Se você é a primogênita e sua mãe morreu, você pode agir como se fosse a mãe dos irmãos. Se você achar que o marido não está dando conta das demandas, vai fazer o papel que cabe a ele; vai fazer pelos filhos mais do que eles necessitam; vai querer ser a chefe do chefe; vai dar palpite no trabalho dos colegas etc.

Existem muitas situações que vivemos em relação a nossa família, mas especialmente em relação aos nossos pais, que nos levam a ter atitudes que nos tiram do nosso lugar. Consoante os princípios sistêmicos da Constelação Familiar de Bert Hellinger, que propõe uma abordagem terapêutica baseada nas relações familiares e com a qual trabalho, é imprescindível honrar os nossos pais, no sentido de reconhecer a existência deles em quem somos, mesmo com todas as suas falhas e imperfeições.

Todas as vezes que nos colocamos diante daqueles que nos proporcionaram a vida – nossos pais biológicos – numa postura de maior, sentindo-nos melhor do que eles, com críticas, julgamentos, discordância, sentindo pena, achando que eles não dão conta do próprio destino, que não são bons, que não nos deram ou não fizeram o suficiente, nos comportamos de maneira disfuncional dentro do nosso sistema familiar, travando a nossa evolução em um ou vários aspectos.

No meu caso, por uma ocasião do destino, o meu pai se fez ausente no corpo familiar na minha fase adulta e eu, tomada de discordância e raiva interna com a situação, tentei – não conscientemente – por inúmeras vezes suprir certas demandas familiares e responsabilidades que não me pertenciam, pois estavam além do meu lugar de filha. Em consequência disso, a minha vida estagnou, ficou vazia, não fluía em nenhum aspecto e eu caminhava para o menos cada vez mais. A minha alma sutilmente ia em direção à morte. Pois, estar viva, nem sempre significar estar vivendo.

A minha postura disfuncional se agravou quando, por amor cego, eu tomei dores que não eram minhas, mas sim da minha mãe, quando desacreditei da dignidade dela em carregar o seu próprio destino. Além disso, racionalizei ser possível romper com os vínculos paternos, ignorando essa parte da minha vida como uma forma de evitar sentir a dor da minha criança ferida, injustiçada e abandonada. Entretanto, ao fazer esse movimento contra o meu pai, eu estava renegando 50% da minha genética, matando a metade de quem eu era, excluindo parte da minha história, me tornando um fruto seco em processo de morte, por estar desconectada das minhas raízes, das minhas origens, do meu legado. Tudo isso fez com que eu saísse do meu lugar, me desligasse da minha força, tornando disfuncional a minha vida! Pois a maneira como olhamos para os nossos pais é a mesma como olhamos para a nossa própria vida.

Logo, como eu não sabia ocupar o meu lugar dentro do meu sistema, eu não encontrava o meu lugar no mundo! Porque a nossa clareza de lugar no mundo tem como base o posicionamento no nosso lugar de origem, a família. A pessoa que transita por lugares que não são seus, apesar de sentir a consciência leve por achar estar fazendo algo de bom ou sendo útil, carrega uma sensação de peso e deixa, em algum nível, de governar a própria vida, já que no seu próprio lugar resta uma lacuna.

Atuar fora do nosso lugar é um ato inconsciente, na grande maioria das vezes, mas isso não nos exime de pagar um preço alto pelas consequências que esse movimento disfuncional traz. São preços variáveis, mas todos com sofrimento. Quanto menos você realizar na vida, em todos os aspectos, mais fora do seu lugar você está!

Eu consegui iniciar a minha trajetória de volta para o meu lugar quando comecei a cuidar da minha criança interior, emocionalmente machucada, a curar os meus traumas, a olhar para as dores que me fragilizavam, para as minhas crenças limitantes e me permitir viver o autoconhecimento. Somente quando tomei posse da minha história exatamente como foi, do jeito que foi e entendi que tudo o que vivi foi precisamente o necessário para a minha evolução como ser humano, consegui reconhecer as minhas potencialidades, especialmente a de realização, acessar a força interior que eu precisava para assumir o meu próprio poder pessoal e, consequentemente, assumir quem eu sou e o meu lugar no mundo.

Para cada pessoa só há um lugar certo na família e no mundo, e esse é o seu próprio lugar. Uma vez encontrado e tomado esse lugar, uma nova perspectiva se abre, o que torna a pessoa capaz de agir. Estar no seu lugar é acessar o núcleo do seu poder pessoal, é se apoderar de quem você é; é se posicionar com consciência diante das pessoas e circunstâncias, sendo que os efeitos dessa postura ecoam em todos os setores e por toda a vida. Saber qual é o seu lugar significa não permitir que vozes externas abalem quem você veio para ser, que não interfiram no seu propósito; e que não tentem fazê-la desacreditar de si mesma; do seu potencial, da sua capacidade de ação e de realização.

Assumir o nosso lugar no mundo significa saber qual é a nossa postura interna diante de todos os papéis que desempenhamos na vida — seja o de filha, irmã, esposa, mãe, seja o de profissional ou qualquer outro. Mas ninguém poderá fazer isso, a não ser você mesma. Existem coisas que são intransferíveis e ocupar o seu lugar no livro da sua própria vida é uma delas, ninguém é capaz de protagonizar a própria história sem antes ter tomado posse do seu lugar!

Ocupar o seu lugar é tomar a sua força interior pessoal, é sentar-se na cadeira que foi preparada para você na vida e no mundo! A partir disso, podem lhe tirar tudo na vida, menos a força exclusiva que você carrega de ser quem você veio para ser e de ocupar o lugar que é só seu.

Todos nós somos portadores de um lugar que nos foi destinado, mas, para garanti-lo, é necessário ir além, se apossar, se posicionar e agir de acordo com isso. Não podemos ser modestos nesse quesito, porque é somente por meio do nosso lugar de força é que se torna possível nos abrirmos ao protagonismo da nossa própria história pessoal e profissional.

É a partir do momento em que verdadeiramente nos permitimos tomar o nosso espaço, que naturalmente a vida nos impulsiona em direção ao mais, que nos alinhamos com o que o universo tem a nos oferecer de melhor. Quando ocupamos o lugar que nos pertence, conseguimos receber dos nossos antepassados tudo o que precisamos para olhar adiante e seguir a nossa vida com alegria e força!

Hoje, me vejo inteira na minha vida, mas para isso precisei fazer o caminho de volta em direção a mim mesma e tomar a força interna de pai e mãe, sem fazer qualquer distinção entre essas duas forças e me permitir reconhecer a grandeza dessas duas fontes da vida e do lugar que eles, e todos os que vieram antes, me proporcionaram. Estar no lugar certo me traz muito mais força e leveza para a condução da minha jornada.

A vida é muito valiosa e veio de muito longe antes de chegar até você, portanto, recuse-se a deixar de ocupar o **SEU LUGAR**, porque somente nessa posição existencial você é capaz de encontrar a sua força! Toda transformação e protagonismo acontece quando você faz o que só você pode fazer: ocupar o seu lugar! Pois é somente diante da própria vida que somos poderosos.

"Podem lhe tirar tudo na vida, menos a força exclusiva que você carrega de ser quem você veio para ser e de ocupar o lugar que é só seu."

Patrícia B. Pimentel Bonazza

Patricia Cezario da Silva

Sou muito abençoada em ser mãe de Luiz Gustavo e André Cícero, avó de Melissa, e por ter duas noras maravilhosas, Francisca e Alâne, além de contar com Renato, que me apóia e incentiva. Natural de Bragança Paulista (SP), atualmente moro em Extrema (MG). Supervisora de operações logísticas na Magalu, atuei quase 3 anos na Netshoes e hoje estou na Época Cosmético, onde faço gestão de pessoas e processos.

Cursei *Professional & Self Coaching* no IBC, Tecnologia em *coaching* e desenvolvimento humano na Uninter e curso Engenharia de Produção na Uninter.

Minha missão é cuidar, acolher e incentivar a todos que precisem de mim, dando o meu melhor, sendo luz e alegria. Estou sempre em busca de novos desafios e meu maior tesouro é a minha família.

patriciacezariodasilva

Patrícia Cezário

24 RESILIÊNCIA EMOCIONAL: SUPERANDO COM FÉ E DETERMINAÇÃO

Por Patricia Cezario da Silva

Cada ser humano tem suas pedras no caminho, o que muda na caminhada é como decidimos caminhar, se é tirando cada pedra, contornando-as ou usando-as a seu favor. Eu tive as minhas pedras e decidi usá-las a meu favor. A compreensão inocente de ser criança e de enfrentar as dificuldades na ausência dos pais, seja pela falta de saúde, seja pelo trabalho árduo em colocar o abençoado alimento à mesa. Cuidar dos irmãos menores que nem imaginavam como era difícil ser responsável por eles, estando em defesa, livrando-os dos perigos e os preconceitos da comunidade, pois não tínhamos condições de fazer parte dos ciclos sociais. As frustrações da adolescente sonhadora que se tornou mãe e, surgindo um novo propósito de amor, enfrentou novas batalhas, novos preconceitos, até a discriminação da pequena cidade por ser mãe solteira e, várias vezes, por ser mulher.

A mulher profissional que teve seus anseios de crescer e se tornar exemplo e orgulho para seus filhos precisou enfrentar novas batalhas, entender o que era ser mulher, humana, em meio a desapiedados, era determinada em um grupo de desencorajadores, que não tinham propósito e a desestimulavam a não perseguir os sonhos e a crescer.

Algo importante, que considero um aprendizado: em nossa vida, nada acontece por acaso, sempre temos a oportunidade de aprender com as adversidades, mas isso só faz sentido se tivermos essa percepção.

Quando estava na fase entre infância e adolescência, mesmo sem perceber, eu tinha uma missão de vida, que era cuidar e proteger. No decorrer da caminhada, mudaram as pessoas pelas quais eu me sentia responsável, mas o propósito era o mesmo: por amor, minha missão era cuidar, proteger e acolher todos que precisassem de mim. Mesmo com medo, eu sentia a necessidade de me tornar o que eles precisavam. No início, foram meus irmãos, e eu entrava em modo de acolhimento quando sentiam fome, indo em busca de soluções para suprir o que lhes faltava. Mais tarde, foram meus filhos, que se tornaram meu tudo. Sempre houve um propósito maior que me mantinha inabalável, sempre foi por alguém que me dispus a ser forte, a ter fé, a acreditar que tudo daria certo sabendo que, no final, eu teria feito o melhor que estava ao meu alcance.

A resiliência foi se desenvolvendo e amadurecendo no percurso e, por vezes, com o auxílio e direcionamento de profissionais, alicerçada com muita determinação. Hoje compreendo que alguns fatores, que eu chamo de chaves, contribuíram para essa evolução e definiram a resiliência emocional na minha vida.

- Sempre tive um propósito de vida. Ter tido por quem ou pelo que lutar tornava os desafios um pouco mais fácil, me levava a superar um pouco deles a cada dia. O propósito me mantinha firme, me mantinha com os pés no chão.
- A presença de uma rede de apoio. Em cada momento da minha vida era perceptível que eu nunca estava só, Deus se fazia presente utilizando pessoas como instrumento: elas me apoiavam, evitando que eu esmorecesse e pudesse continuar. Algumas vezes, contei com minha família; outras, com amigos; outras ainda, com filhos, marido e, em algumas situações, até com desconhecidos, que apenas davam uma palavra que, naquele momento, fazia toda a diferença.
- As metas fizeram toda a diferença na minha caminhada. Os sonhos a realizar, a vontade de alcançar outros patamares, a definição de como subir degraus, os objetivos pessoais e os familiares.
- A fé nas possibilidades. Por ser uma pessoa positiva, não me permiti duvidar das realizações que viriam. Acredito na dualidade entre luz e sombra, mas também acredito na luz no final do túnel.

- A gratidão. Quanto mais eu agradeço, mais coisas boas acontecem para que eu possa agradecer. Agradecer acreditando em já ter alcançado a bênção, agradecer por todas as dádivas alcançadas.

Propósito

Na minha infância, eu tinha o senso de responsabilidade de cuidar dos meus irmãos. Eu era a mais velha de cinco e, aos 8 anos, aprendi a fazer o básico: arroz e café. Minha mãe sempre teve a saúde debilitada, meu pai buscava dar o melhor dentro das condições que tinha para nos criar. Eu me orgulho dos meus aprendizados, pois muito cedo compreendi a importância do respeito e da consideração pelos mais velhos e o cuidado para com os mais novos. A missão é atender o todo, mas o propósito é algo bem mais específico, é interno e por alguém.

Você se dedica por amor, sem pedir nada em troca, faz pela simples vontade de querer o melhor do outro e para o outro. Em todos os momentos de superação, houve um propósito que me moveu. Primeiro, meus irmãos, depois meus filhos, minha família.

O que você precisa para definir seu propósito? Identificar o que é importante para você nesse momento, compreender pelo que ou por quem você faria o que fosse preciso ou além do necessário.

Rede de apoio

Compreender que podemos contar com uma rede de apoio é fundamental. E o que é uma rede de apoio? Ela consiste daquelas pessoas que sempre estão ao nosso lado, incentivando, aconselhando, sinalizando, durante a caminhada, que esperam que alcancemos os objetivos, mas também nos repreendendo por decisões erradas. É importante termos a percepção de quem são essas pessoas em nossa vida e, para isso, precisamos responder às seguintes perguntas: Quem está sempre comigo, faça chuva ou sol? Quem vibra quando eu conquisto algum objetivo? Quem entra em minha defesa quando estou em conflito? Quem topa ir comigo aonde for preciso, caso eu venha precisar? Sim, são poucas as pessoas que vem à mente. Essas, com certeza, são sua rede de apoio, são aqueles que a mantêm firme para continuar e, provavelmente, também são parte de seu propósito de vida.

Objetivos

Demorei muito tempo para entender a necessidade de planejar e traçar algumas metas, de saber exatamente o que se deseja e aonde se quer chegar. Lembro-me de uma frase, segundo a qual "se não sabe em qual porto quer atracar, qualquer vento serve para a levar". Faz muito sentido que a vida comece a tomar rumo quando decidimos o que queremos, quando colocamos nossos sonhos no "modo realidade" e refletimos sobre o que é possível e o quanto precisamos focar para alcançá-los. Uma coisa leva à outra, quando aprendemos a definir nossas metas pessoais.

Meu primeiro objetivo era ter casa própria, então descrevia os detalhes de como queria, fazia meus filhos imaginarem os detalhes, convenci meu marido também a imaginar. Começamos a pesquisar valores, fazer contas, buscar informações de como comprar, quais seriam os procedimentos e a detalhar as necessidades e os requisitos que seriam necessários para alcançar esse objetivo. Conforme íamos procurando e visitando lugares, também passamos a trabalhar para conquistar um bem comum. Para comprar a casa, precisávamos de um salário melhor, um aumento, uma promoção. Quando me dei conta, estava voltando a estudar e evoluindo a cada dia.

Fé

Independentemente da religião ou das crenças que baseamos nossas ações, é fato que precisamos de um norte. Sermos positivos acreditando que tudo vai dar certo nos impulsiona a continuar a caminhada. Sempre tive comigo que o universo conspira a nosso favor, que precisamos vibrar na frequência da positividade, pois mesmo acreditando que "o Senhor é meu pastor e nada me faltará", era preciso que eu fizesse a minha parte, era necessário agir. Nada cairia do céu sem que eu fizesse a minha parte. Deus se fez providência em todos os momentos difíceis e quando pedi, recebi.

Deus me permitiu fazer escolhas e não me abandonou nas consequências delas, e fato é que eu não era nem sou perfeita, errei algumas vezes. É possível mover montanhas se acreditarmos que somos capazes e aprendermos com os erros. Minha lição sobre fé foi muito mais que acreditar em um ser divino ou em uma religião, foi além das expectativas. Deus Pai permitiu que eu me conectasse com todas as crenças, conheci pessoas que, por meio de sua fé, me ensinaram o respeito e a humildade. Todos temos a fé que nos impulsiona, temos a crença que nos proporciona a energia de que necessitamos. Tenho sido como um barro na mão do oleiro, vou me tornando uma criação moldada a cada dia pelas mãos do Senhor. Eu tenho me permitido ser moldada pelas minhas escolhas, pelos meus sonhos, pelos meus anseios, tornando-me especial e única, forte e determinada. Antes de o vaso ficar pronto, é necessário que ele passe por etapas, e a mais difícil é o preparo do barro, para que seja possível aderir a uma forma, ser homogêneo em suas características, cada etapa da nossa vida não pode ser ignorada, precisa ser vivida.

A fé passa por estágios e precisamos amadurecer em cada um deles até que estejamos prontos. Que a gente possa estar, ser, consentir, permitir... Sentir em nossas veias a absoluta certeza de que o aqui e o agora é o melhor momento, sempre.

Gratidão

Colocar na balança o lado bom e o ruim, mas olhar e agradecer por ambas as partes dos acontecimentos, pois não acontece só uma coisa ou outra, o equilíbrio permite que ocorram os dois. Enxergar o lado bom diminui o peso, a intensidade aplicada no lado ruim, alivia as preocupações, aparecem as soluções. Agradecer atrai mais coisas boas, como um ímã.

Agradecer como se já tivesse conquistado, ser grata por tudo que ainda está por vir e por tudo que já se passou. Todo aprendizado obtido, as experiências da caminhada. Olhar para todo o percurso e sentir orgulho por ter chegado aonde chegou e quão maravilhoso foi ter sobrevivido às angústias, às provações, enfrentando barreiras, tempestades, vendavais. Vencer e conquistar, se tornar uma pessoa melhor, mais forte e sábia. Agradecer pelas dádivas, pelas pessoas, pela vida, pela saúde. Reconheço que só sendo eternamente grata por ter chegado até aqui me fez a pessoa que sou, então faz sentido ter passado pelo que passei e, assim, valorizo cada etapa, pois tive fé e determinação.

A resiliência emocional se constrói em cada um de nós quando superamos cada fase em que as dificuldades e obstáculos nos desafiam. Utilizando algumas chaves como propósito, como rede de apoio, objetivos e metas, fé e gratidão torna-se possível a superação, tornando-se uma pessoa resiliente.

"Nossa missão de vida não só direciona cada uma de nossas ações, como constrói a visão e entendimento do propósito que nos estimula a persistir em realizar nossos sonhos e alcançar resultados extraordinários." José Roberto Marques

“Cada um tem suas pedras no caminho. O que muda na caminhada é como decidimos caminhar, se é tirando cada pedra, contornando-as ou usando-as a seu favor.”

Patricia Cezario da Silva

Priscila Iannuzzi

Sou Priscila Iannuzzi, uma mulher apaixonada por pessoas e negócios, alinhada com valores inegociáveis como ação, paixão e resultados.

Sou consultora comercial, analista comportamental e *coach* integral sistêmica, formada pela Febracis. Venho do mundo corporativo, tenho alunos e clientes em mais de 25 estados no Brasil, em 2 países. Aumentei o faturamento de empresas em até 10 vezes, implantando processos comerciais, formando e capacitando vendedores e líderes de alta performance.

Minha missão é despertar e transformar mulheres para o mundo do empreendedorismo, reprogramando suas crenças limitantes, eliminando bloqueios emocionais e mentais, cuidando do seu corpo, mente e alma, desenvolvendo seus resultados pessoais e profissionais com vendas e posicionando-as no mundo digital.

priiannuzzi

+55 (11) 97286-9101

Determinadas a brilhar

MULHERES QUE INSPIRAM E TRANSFORMAM

25 O MOVIMENTO DO SUCESSO: SUA ATITUDE MUDA O JOGO

Por Priscila Iannuzzi

Em primeiro de março de 1989, nascia uma menina chamada Priscila Iannuzzi Bueno, no interior de São Paulo, filha de uma mãe comerciante e de um pai empresário e visionário no mundo dos negócios. Fui criada, literalmente, debaixo do balcão da loja da minha mãe e atrás do balcão do bar do meu tio. Tive uma infância cheia de brincadeiras de rua, muitos primos e amigos. Muito arteira, faladeira e acostumada com o movimento do atendimento ao público.

Acredito que quando eu tinha apenas 4 anos, já estava envolvida no mundo das vendas de diversas formas. Desde ajudar na venda de roupas, gelinhos, salgados, pães, rifas, ovos de Páscoa, revistas de cosméticos, até servir bebidas alcoólicas neste bar do meu tio. Inclusive, lembro-me de como me divertia ao sair pelas ruas com meus tios em um carrinho velho equipado com um megafone, vendendo frutas e legumes. Essas experiências foram marcantes e fizeram parte da minha infância de forma muito positiva.

Assim, desde pequena ganhava meu dinheirinho em cada ação que eu me aventurava, e confesso: eu mal sabia o quanto estava aprendendo. Aos 12 anos, com a orientação da minha mãe, dei os primeiros passos no mundo do empreendedorismo, vendendo bijuterias em uma caixinha de sapato. Não tinha tempo ruim, para mim foi empírico entender que para vender precisava divulgar, então eu percorria as ruas, os comércios e casas em busca de clientes. Aos 15 anos, já era bastante reconhecida no bairro e região. Com essa idade, em um dia de sábado de trabalho, eu faturava em torno de 4 mil reais. Foi assim o início de uma trajetória de independência e conquistas pessoais.

Aos 17 anos, eu já estava inserida no mundo corporativo, me destaquei como uma profissional proativa, produtiva, otimista, com uma energia contagiante e fazendo a diferença nos lugares que passei, gerando resultados. Minha jornada na CLT foi curta, a jornada do empreendedorismo sempre esteve no meu sangue. Viajei pelo Brasil por anos, fazendo o que amo: ensinando vendas, implantando departamentos comerciais e aumentando performance e faturamento das empresas. Durante esta jornada, descobri o mundo do *Coaching* Integral Sistêmico, pela Febracis, ampliando ainda mais meus horizontes e minha capacidade de impactar positivamente a vida das pessoas ao meu redor.

Foi aí ,então, que foi me apresentado um problema: a mulher fazedora, que fazia, fazia e fazia, reconhecida como uma máquina, um avião, descobriu que por trás de tanto desejo de fazer, existia um porque inconsciente, e que era uma ferida de rejeição. Nessa fase, eu me vi imersa em um turbilhão interno. Eu? Cheia de amigos, desenrolada! Como assim, "**rejeição**"?! Pois é, amigas, o processo começou. Inicialmente, confrontei um grande desafio, pois eu acreditava piamente que minhas emoções estavam em equilíbrio e que ser uma máquina de trabalho, reconhecida pelos meus resultados, era tudo o que eu valorizava. É importante que vocês entendam que, naquele momento, em minha mente, tudo estava bem...afinal, eu nem tinha tempo para me conectar comigo mesma e perceber o que não estava bem.

Foi quando comecei a experimentar o verdadeiro significado do equilíbrio dos meus 11 pilares, buscando observar, aceitar e harmonizar. O objetivo era transcender a visão de mim mesma, não como uma máquina de trabalho, repleta de resultados, e sim reconhecer que minha essência humana necessitava de equilíbrio. Esse "bom problema" me trouxe a extrema necessidade de mergulhar cada vez mais no meu desenvolvimento pessoal, compreender as complexidades das minhas crenças limitantes, da minha criança interior ferida e dos padrões repetitivos herdados da minha amada família. Foi uma verdadeira jornada em rumo ao autoconhecimento. Eu quis viver uma transformação, comecei a desfazer os nós do medo, derivados de crenças religiosas, aprendendo a cultivar uma intimidade autêntica com o divino. Em seguida, me permiti sentir as consequências das raízes profundas de rejeição obtendo um entendimento claro e revelador. Apesar do turbilhão de novidades, cada descoberta representava um passo na minha evolução pessoal, um mergulho em direção ao meu verdadeiro eu.

Aos meus 34 anos, quando acreditava já ter absorvido todo o conhecimento sobre equilíbrio e o propósito divino em minha vida, enfrentei uma realidade conflitante com minha carreira. Tive uma queda, extremo cansaço, a carga parecia pesada, frustração e o pior: meus resultados extremamente baixos. Uma reviravolta desconcertante para alguém como eu, acostumada a fazer e receber tanto. E ficou claro: eu passei uma vida me motivando pelos motivos errados! A maior ficha que poderia cair com 34 anos de vida! Os sinais foram acompanhando essa ficha, eu continuava implementar novas estratégias e reformular meu negócio para evitar o desapontamento de um faturamento ínfimo, mas não teve jeito, eu enfrentei uma queda de 95% nas minhas receitas. Eu quase enlouqueci. Tentei de tudo, elaborei vários novos planos de negócios, cheguei a gravar cursos para realizar lançamentos e perder 100% de todo o conteúdo. Parecia que o universo estava conspirando contra mim. Eu surtei.

Então, em um dos momentos de desespero, fiz uma oração sincera a Deus, sem reservas. Assim como Ana, em lágrimas, eu me encontrava, desabando: "Não aguento mais. Não consigo mais. Não sei mais nada. Preciso que prove Seu amor por mim e traga uma resposta." Foi então que uma revelação atingiu meu coração: eu havia passado um ano carregando um fardo pesado porque eu não estava buscando meu chamado, obediência e propósito. Havia me casado, muita novidade, e Deus só queria me fazer escutar o novo chamado que ele tinha para minha história. E foi exatamente assim que Deus falou comigo: "Minha filha, você ajuda tantas pessoas e compartilha de tanto conhecimento para crescimentos e estratégias no mundo dos negócios, mas você nunca fala no meu nome para eles, você não declara o poder que eu tenho no céu e na terra, você não demonstra que é 100% dependente de mim". Senti como uma facada no meu peito.

Os sinais continuaram ao longo dos dias e meses, e hoje estou aqui escrevendo esse capítulo, em obediência ao Pai. E também para vocês entenderem o quão profundo foi e tem sido, Deus me diz: "Te quero movimentando mulheres, falando do meu nome, fortalecendo almas e corações e, após isso, terão estrutura para aprender o mundo dos negócios junto contigo!".

Desde então, tenho desenvolvido mulheres a reconhecerem seu valor intrínseco, a viverem sua verdadeira identidade e a confiarem no plano original de Deus para o futuro. Com isso, elas ganham força e coragem para agir com fé, realizando seus sonhos e objetivos.

Trazendo entendimento deste meu papel, reflita a importância de fortalecer seu CPF, afinal, não existe CNPJ forte com um CPF fraco, não é mesmo? Então arregace as mangas, porque vamos começar a colocar o seu negócio em movimento e direcioná-lo para o caminho certo, sendo você a única que realmente muda o jogo do seu sucesso e resgata, diariamente, a mulher corajosa que cresce e vende muito todos os dias!

Um CPF fraco, com baixa energia e indisposição, tristezas recorrentes e inseguranças, medos, falta de confiança e falta de fé, infelizmente, não prosperam como deveriam. Muitas emoções e comportamentos indesejados são consequências da forma como você tem cuidado do seu templo, que é o seu bem precioso: o seu corpo, a sua mente e a sua alma. Cuidar do seu corpo envolve cuidar da sua alimentação, atividade física, cuidados rotineiros, amor-próprio e autocuidado. Cuidar da sua mente exige sua inteligência emocional e autorresponsabilidade; cuidar da sua alma exige lapidar e aperfeiçoar sua intimidade com Deus, com devocionais, orações, louvores, enfim, você precisará talvez desaprender para aprender algo novo.

A sua consciência entenderá que seu negócio é reflexo do seu movimento. Costumo dizer que os resultados acontecem no caminho de quem está no caminho, ou seja, daqueles que estão agindo, saindo do lugar, correndo atrás e agindo com resiliência. Então, se você está esperando pelo cenário ideal para começar a agir pelo seu projeto, se posicione agora mesmo para não ficar para trás! Independente das circunstâncias em que você se encontra e do nicho em que atua, sem vitimismo e sem lamentações, o foco é a transformação, e não existe transformação sem processo! O processo te prepara para o seu próximo nível, separa os fracos dos fortes, é no processo que os milagres acontecem, o processo é o início das grandes vitórias!

Por que a sua atitude muda o jogo do seu sucesso? Porque você é 100% responsável pelas tomadas de decisões e 100% responsável por fazer o que precisa ser feito. Tudo que você não sabe como realizar é 100% sua responsabilidade aprender, ou contratar quem saiba. Você só não pode fingir demência e esperar o tempo passar, levando sua empresa, o seu projeto, ou seus sonhos para o fundo do poço.

Sua atitude vai determinar seu destino, e toda vez que você tomar decisões, estará mudando a rota. O seu jogo de gente grande e mulher magnética e diamante no mundo dos negócios é saber andar nessa roda gigante com valores que te farão alcançar o seu propósito e vencer! Sabemos que os desafios sempre irão aparecer, e você precisará ressignificar e reprogramar sua mente para enfrentar. Sabemos que às vezes terá vontade até de desistir, portanto, quando se sentir frágil e abalada, não tem problema algum descansar, mas nunca desistir.

Grave bem essas últimas palavras: não dê acesso a quem não te dá destinos. Não faça tudo sozinha, faça *networking*, busque parcerias, se divulgue, se posicione e, pelo amor de Deus, se lance no digital para garantir seu espaço no futuro. Aprenda estratégias de vendas, negociações e utilize ferramentas automatizadas no mercado que possam acelerar seus resultados nas vendas diárias dos seus produtos ou serviços. Lembre-se: quem vende, não depende...e isso é libertador!

Quer mudar seu jogo? Convido você a acessar meu Instagram agora mesmo, tirar uma foto da sua leitura e me marcar. Se conecte comigo e ganhará um presente especial, uma mentoria individual de 30 minutos, para analisarmos o seu negócio.

Vamos realizar o movimento do seu sucesso juntas?

"Sua atitude vai determinar seu destino de sucesso e todas as vezes que você tomar decisões, estará mudando a rota!"

Priscila Iannuzzi

Priscila Stefan

Eu sou Priscila Stefan, natural de Umuarama (PR) e moro em Cuiabá (MT) desde 2002. Sou casada e mãe de uma linda menina.

Sou especialista em posicionamento e imagem pessoal, atuando também como mentora individual, consultora empresarial, palestrante e escritora. Sou formada na área administrativa e tenho mais de 16 anos de experiência em áreas estratégicas, administrativas e comerciais.

Desenvolvi o método IAV (Imagem de Alto Valor), baseado em três grandes pilares essenciais: autencidade, autoridade e ascensão.

Minha missão é elevar a imagem pessoal de mulheres empresárias e profissionais liberais, triplicando seus ganhos. Vivo a evidência de como uma imagem de alto valor nos eleva a patamares mais altos.

priscilastefanbr

Priscila Stefan

Determinadas a brilhar

MULHERES QUE INSPIRAM E TRANSFORMAM

26 MÉTODO IAV – IMAGEM DE ALTO VALOR

Por Priscila Stefan

Se há algo que aprendi, ao longo dos anos, como mentora de posicionamento e imagem pessoal para mulheres empreendedoras e profissionais liberais, é que o caminho para o sucesso não é apenas pavimentado com habilidades técnicas e conhecimento, mas, sobretudo, com uma imagem de alto valor.

Neste capítulo, vou compartilhar com você toda a estrutura e conhecimento que foram determinantes para o desenvolvimento do Método IAV. Considerei os meus dezoito anos de experiência nas áreas administrativas, estratégicas, comerciais e de imagem pessoal e traduzi tudo nesse método, que é baseado em três grandes pilares fundamentais: autenticidade, autoridade e ascensão.

Mas antes de entrar, de fato, no detalhe do método, eu preciso fazer uma reflexão aqui com você: imagine uma situação em que duas profissionais tenham habilidades e conhecimentos equivalentes em seus respectivos campos de atuação e surge uma oportunidade de ascensão profissional na empresa em que elas trabalham. Uma delas tem uma imagem pessoal impecável, bem-cuidada e admirável, e a outra não se importa tanto assim com a sua imagem. É descuidada com suas roupas e não cuida muito da sua aparência. Quem você acha que receberá a oportunidade de ascensão? Certamente, a que apresenta a imagem pessoal impecável. Uma mulher que tem uma imagem de alto valor naturalmente se destaca, conquistando oportunidades únicas e parcerias estratégicas. É nesse contexto que o método IAV se revela fundamental.

Antes de entrar para o universo da imagem pessoal, eu atuei no cenário corporativo ativamente, na área comercial. Estive presente, por dezesseis anos, nas áreas estratégicas, administrativas e comerciais. E se eu soubesse, lá atrás, o que sei hoje, teria me poupado tempo e certamente teria me ajudado a conquistar mais rápido os meus objetivos.

O fato é que, se nós olhássemos com mais atenção para a nossa aparência, mais rápido perceberíamos os resultados positivos que colheríamos com base nesse cuidado.

Seres humanos são seres visuais, ou seja, reagimos muito rápido com base no que vemos. Em apenas 2 segundos e meio quem nos vê faz uma rápida análise visual e decide se a nossa imagem transmite credibilidade e confiança ou descredibilidade e desconfiança. Qualquer inconsistência percebida pode, automaticamente, afetar o modo como as pessoas reagem a nós, e tudo por uma questão de autopreservação, ou seja, a sua imagem pessoal precisa estar alinhada à sua competência.

Você pode ser muito boa naquilo que você faz, ter técnicas, conhecimentos e habilidades, mas se você não tiver uma imagem de alto valor que comunique quem você é, poucas serão as suas chances de se destacar entre os demais. Somos como um ímã atraindo o que emitimos. E você? Está atraindo ou repelindo os seus desejos, metas e objetivos?

O que eu quero dizer é que não importa o quanto você esteja tecnicamente preparada, se você não tiver uma imagem de alto valor à altura das suas competências poucas serão as suas chances de sucesso. Capturar a atenção é um desafio crescente e vital nos dias de hoje, especialmente com o advento da era digital. Com base nisso, quero fazer uma provocação: qual é o motivo para alguém dedicar o precioso tempo para ouvir você? E se não conseguirem ouvir você, como saberão sua identidade, suas habilidades e o valor que você oferece?

Existe um método para mulheres como você causarem um impacto imediato, atraindo mais clientes e aumentando significativamente seus ganhos sem precisar alterar o trabalho que já realizam diariamente. A chave está na aplicação dos três pilares fundamentais para construir uma imagem de alto valor, isto é, os "3 As": autenticidade, autoridade e ascensão.

Autenticidade: a base da imagem de alto valor

A autenticidade é muito mais do que uma simples palavra no contexto do método IAV. Ela representa a essência de quem somos, a base sólida sobre a qual construímos nossa imagem pessoal e profissional. Ser autêntica não significa apenas ser verdadeira consigo mesma, mas também ter a coragem de se expressar de forma genuína no mundo.

Quando uma mulher se conecta verdadeiramente com sua autenticidade, ela se torna uma força magnética. Sua presença irradia uma energia única, capaz de atrair não somente olhares, mas também oportunidades e conexões genuínas. Isso acontece porque a autenticidade é irresistivelmente atraente. As pessoas se sentem atraídas por quem é autêntico, pois isso transmite confiança, integridade e sensação de estar em sintonia consigo mesma e com os outros.

Conhecer seus valores, crenças e identidade única é o primeiro passo para cultivar a autenticidade. Isso significa fazer uma jornada interna de autoconhecimento, explorando suas motivações, paixões e propósito de vida.

Quando uma mulher está alinhada com seus valores mais profundos, suas ações e comportamentos refletem essa autenticidade de maneira natural e impactante: trata-se de se manter fiel a si mesma, independentemente das circunstâncias ao seu redor.

Uma mulher autêntica não busca agradar a todos, mas se conectar com aqueles que valorizam sua verdadeira essência. Essa conexão genuína é o que cria relacionamentos significativos e duradouros, tanto no âmbito profissional quanto pessoal.

No método IAV, a autenticidade é mais do que um pilar: é o alicerce sobre o qual se erguem todos os outros elementos. É a qualidade que dá substância e profundidade à imagem de alto valor, tornando-a autêntica, memorável e impactante.

Autoridade: elevando o patamar profissional

Dentro do método IAV, o pilar da autoridade se destaca como uma peça fundamental na construção de uma imagem profissional sólida e impactante. Mais do que simplesmente acumular conhecimento e experiência, ter autoridade significa comunicar confiança, liderança e *expertise* em sua área de atuação.

Mulheres que cultivam imagem de autoridade são vistas como referências em seus setores. Elas não apenas têm vasto conhecimento técnico, mas também sabem como transmiti-lo de forma clara e persuasiva. Sua comunicação é assertiva e direta, refletindo uma profunda compreensão dos desafios e oportunidades que permeiam seu campo de atuação.

Ter autoridade vai além de ocupar cargos de liderança ou tempo de experiência. Trata-se de ter uma postura confiante e segura, mesmo diante de situações desafiadoras. Mulheres com autoridade não temem expor suas ideias, defender suas opiniões e tomar decisões difíceis quando necessário. Essa postura assertiva e proativa é o que as põe em destaque, conquistando respeito e influência entre colegas, clientes e parceiros de negócios.

Uma mulher com autoridade inspira confiança não apenas por suas habilidades técnicas, mas também por sua capacidade de liderança e visão estratégica. Ela é capaz de influenciar positivamente as decisões e direções do seu campo de atuação, contribuindo para o avanço e desenvolvimento da sua área e daqueles ao seu redor.

No método IAV, o desenvolvimento da autoridade envolve aprimorar não apenas o conhecimento técnico, mas, sobretudo, em transmiti-lo por meio da imagem pessoal. Uma imagem que fala por si só antes mesmo que diga uma única palavra e capaz de impactar positivamente sua carreira e sua comunidade profissional.

Ascensão: alcançando novos patamares de sucesso

No universo do método IAV, a ascensão é mais do que um simples conceito, é uma mentalidade poderosa que impulsiona mulheres a alcançarem novos patamares de sucesso e realização pessoal. Esse pilar representa o compromisso com o crescimento contínuo, a busca por desafios estimulantes e a determinação de se reinventar constantemente.

Uma mulher com uma mentalidade de ascensão está sempre em movimento. Ela não se contenta com a zona de conforto, mas busca constantemente aprender, evoluir e expandir suas habilidades e conhecimentos. Essa sede de conhecimento e desenvolvimento pessoal é o que a impulsiona a se destacar em sua carreira e na vida como um todo.

A ascensão não é apenas sobre alcançar metas específicas, mas sobre o processo de crescimento e autodesenvolvimento contínuo. É estar aberta a novas oportunidades, desafiando-se a sair da sua zona de conforto e explorar novos horizontes. Mulheres com essa mentalidade são visionárias, capazes de enxergar além do presente e criar um futuro inspirador e impactante.

Essa mentalidade de ascensão se reflete não apenas nas ações e conquistas da mulher, mas também em sua imagem. Sua presença transmite progresso, determinação e energia contagiante de evolução constante. Essa imagem de progresso e determinação é cativante e atrai oportunidades e parcerias estratégicas que contribuem para sua jornada de sucesso.

Cultivar a mentalidade de ascensão é tão importante quanto os outros pilares. Isso envolve desenvolver uma mentalidade de crescimento, assumindo desafios, buscando *feedback* construtivo, relacionamentos estratégicos e mantendo-se aberta a novas experiências e aprendizados. É um compromisso diário de se tornar a melhor versão de si mesma, tanto pessoalmente quanto profissionalmente.

Antes de concluirmos, vamos fazer um exercício prático: Avalie a imagem que você está transmitindo agora. Ela reflete todo o seu potencial? Qual mensagem você está comunicando?

Imagine-se daqui a cinco anos, como você estará? O que terá conquistado? Provavelmente, você precisará adquirir experiência e percorrer um longo caminho para se tornar essa mulher que vê no futuro, não é verdade? No entanto, há algo que você pode incorporar desde já: a imagem dessa mulher do futuro. Você pode ser essa mulher hoje por mieo da sua imagem pessoal.

Eu concordo que a mudança muitas vezes acontece de dentro para fora, mas ela também acontece de fora para dentro.

Seja hoje a imagem da mulher que você almeja ser! Perceba a confiança que sentirá ao projetar essa imagem de sucesso. Observe como as pessoas reagem a você e lembre-se: autenticidade, autoridade e ascensão são o caminho para uma imagem de alto valor.

Aja como se você já fosse, até se tornar em quem você deseja ser!

"Aja como se você já fosse, até se tornar em quem você deseja ser!"

Priscila Stefan

Regiane Ely

Sou Regiane Ely, filha amada de Deus, nascida em Cuiabá (MT), esposa de Pedro Ely, mãe de quatro meninas, economista, estudante de Psicologia, mentora, empreendedora.

Dedico esforços na compreensão do desenvolvimento da mulher, nas dimensões do corpo, mente e espírito, no fortalecimento das suas relações interpessoais e estratégias de administração do lar, gestão financeira do lar e no apoio para a criação e construção de novos empreendimentos. Propósito este que tem impactado a vida de dezena de mulheres.

Descobri no meu lar o grande empreendimento e escola de vida. Também descobri que só é possível ter um espírito verdadeiramente generoso se, primeiro, eu me tornar uma pessoa melhor, estando bem para fazer o bem.

(65) 99988-8408

regianeely.economista@gmail.com

regianeely

Determinadas a brilhar

MULHERES QUE INSPIRAM E TRANSFORMAM

27 CAMINHO DA MULHER DE SUCESSO E DE ALTA PERFORMANCE

Por Regiane Ely

Antes de contar como ser uma mulher de sucesso em todas as áreas da vida e conduzi-la com harmonia e leveza, algumas perguntas me perturbavam os pensamentos e me paralisavam: que sucesso é esse que eu procuro? Que sonhos são esses que eu não alcanço? Que ordem é essa que eu almejo e não encontro? Que felicidade, paz e tranquilidade que eu não conseguia viver e sentir?

Houve um caminho a ser trilhado para que eu pudesse encontrar essas respostas e aqui compartilho parte desse percurso, no anseio de que, tendo acesso a ele, faça também sentido para você e lhe inspire às respostas que procura para alcançar a felicidade e o sucesso.

Confesso que eu havia me tornado uma mulher extremamente empenhada em viver a vida do outro, mas sem nenhum empenho em viver a minha própria vida e escrever minha história. Acreditava fielmente que fazia o bem às pessoas, já que, a cada ação como salvadora da pátria e da vida alheia, meu organismo gerava dopamina mas, em razão da brevidade de sua duração, era preciso reabastecê-lo, em um círculo vicioso e interminável.

Esse *modus operandi*, esse estilo comportamental, me conduziu inconscientemente e assim construí minhas relações nada fortalecedoras e que restavam fracassadas, pois eu queria entregar tudo às pessoas e não estava disposta a receber nada de ninguém. Essa soberba desastrosa, a qual posso chamar de codependência emocional, teve como resultado algo nada lucrativo: um transtorno de estresse crônico, com sintomas expressivos de ansiedade e depressão. Enfim, nada de felicidade, harmonia, leveza, sucesso ou qualquer coisa do gênero era perceptível nessa situação.

No entanto, como nos diz Santo Agostinho, "Deus jamais me permitirá um mal se dele não tirasse um bem muito maior". De fato, quando minha saúde física, emocional e espiritual foi atingida e eu não tinha mais energia para gerar a dopamina diária e necessária, alguns cenários restaram: o primeiro, parar de cuidar e salvar o outro e salvar a mim mesma, e cuidar da minha própria vida; o segundo, a oportunidade de parar e pensar em quem eu era e quem eu queria ser.

Foi nesse momento de sobrevivência que alguns relampejos de autorresponsabilidade, autocuidado, autorrespeito começaram a clarear a minha visão e a mudar o curso até então percorrido, possibilitando que eu enxergasse para onde estava indo e tomasse as rédeas da minha vida, mudando a rota, pois agora eu desenvolvia também autodomínio e autocontrole, tão necessários para tocar os pratinhos da vida.

Quando me permiti parar e observar quem havia me tornado, percebi que não conhecia mais a minha identidade e, mais ainda, o que era ser mulher, em sua natureza e essência, pois fixada no outro e cega para mim mesma aceitei tudo o que me era dito e imposto, todas as crenças e mentalidades, sem a reflexão e construção de um imaginário nutrido e fortalecido, que me levasse ao conhecimento da verdade.

Assim, naquele momento ainda de sobrevivência e de compreensão do que estava me abatendo, identifiquei um peso, uma sobrecarga que me levava a uma fadiga física, mental e espiritual e que me impedia de pôr em prática e em execução a potencialidade de ser mulher. Contudo, precisava me libertar, mais apropriadamente, precisava aprender a arte de planejar e de delegar as tarefas às pessoas.

Para desenvolver tudo isso, precisei aprender o que pertence à energia feminina e o que pertence à energia masculina, pois a resposta para o peso que sentia vinha do excesso de energia masculina que tinha como correspondente de origem as crenças construídas e as mentalidades adquiridas desde a infância. Digo, concretamente, que uma das crenças construídas é a de que o homem, na sua essência, é opressor e daí então surge a mentalidade de que é necessário ser independente financeiramente para poder me casar com um homem, haja vista que estava me preparando para conviver com um inimigo, estava indo não para um lar, mas para um campo de batalha.

Todo esse processo me devolveu algo muito valioso que eu havia perdido: a sensibilidade própria de ser mulher. A capacidade de desenvolver uma potência latente nas diversas missões para as quais a mulher é chamada: mãe, esposa, dona de casa, empreendedora, filha, dentre tantas outras. E veja que interessante: eu redescobri uma sensibilidade espiritual ao ir ao encontro de Deus, meu Criador, que me revelou a verdade: quem eu sou e quem é o ser mulher. Essa sensibilidade espiritual eu consigo convertê-la em uma sensibilidade emocional/afetiva e, por último, desemboco em uma sensibilidade material, transformando recursos em valor, gerindo valores para as pessoas. Enfim, eu entendo que homem e mulher têm naturezas distintas, e, portanto, papéis diferentes e complementares, a mulher gerindo pessoas e o homem gerindo coisas. O homem é quem caça e traz o recurso e a mulher é quem transforma e gera valor a esses recursos para as pessoas.

A sensibilidade me fez mudar a forma de ver, me trouxe de volta à compreensão de que a mulher é o coração de Deus que tudo o que toca frutifica e floresce; de que ela é chamada por Deus a cooperar com Ele, gerando vida, nutrindo-a e em abundância; de que a mulher é a beleza de Deus, metaforicamente, uma rosa que precisa ser amada, cuidada e cultivada para embelezar e perfumar. E que o homem é a cabeça, a razão de Deus, a figura de Deus para essa mulher, ele está ali para protegê-la, amá-la e cuidá-la.

Com essa nova mentalidade, uma premissa fundamental começou a fazer sentido e começou uma investidura para vivê-la: "É preciso estar bem para fazer o bem". Como poderia ser uma mãe, esposa, dona de casa, empreendedora, filha, uma mulher melhor, se eu não parasse para me cuidar e me nutrir? Se eu não parasse para aprender a viver essa arte de cuidar do corpo, da mente e do espírito e transbordar isso em amor às pessoas no meu entorno, primeiramente, e expandir para além do meu entorno?

Além desse despertar, a minha percepção, até então confusa e emaranhada, começou a se tornar mais clara e cristalina e então ficou muito mais fácil saber as tarefas e papéis que são de minha responsabilidade e os que são do homem, dentro de um núcleo familiar. Dito de outra forma, que a mulher cuida do matrimônio e o homem do patrimônio.

Agora sim, estava pronta para assumir o que é meu: o meu lar. Estou pronta para ser a **dona do meu lar**! Passei a entender as concepções de que o lar funciona e precisa ser gerido como uma empresa, de que meu esposo e eu somos sócios nessa sociedade, de que os filhos são colaboradores, de que ali temos ativo e passivo, patrimônio líquido, receitas e despesas para serem geridas, de que há uma gestão de compras, de estoques, de pessoas, de logísticas para serem cuidadas e geridas e de que eu era gestora e deveria assumir a liderança desse meu reinado que antes eu rejeitava porque foi me imbricada uma crença de que o cargo de dona do lar era a última das profissões, e que, portanto, nenhuma formação ou faculdade seria importante para o desenvolvimento feliz dessa profissão.

O movimento feminista trouxe essa mentalidade infeliz de que "tenho que estudar para ser alguém" e esse alguém está limitado a uma habilidade técnica, a uma profissão, o que impediu de enxergar e acolher a magnitude de ser mulher, que vai muito além de uma profissão. Assim, de repente, nos vemos casadas e sem saber como gerenciar um lar, como administrar as finanças, como se relacionar bem com o esposo e os filhos, como cuidar da nutrição dos filhos, da educação, como conciliar vida familiar com o trabalho, como conseguir se cuidar e ter uma mente criativa nos negócios.

No entanto, tive a alegria de descobrir no meu lar o meu maior empreendimento. Ali, posso formar, gerir e liderar pessoas, gerir o financeiro, gerir estoques, delegar tarefas, desenvolver estratégias de planejamento, de organização do lar, criar negócios e levar isso para a sociedade. Eis aí a abundância, o transbordar do meu lar para fora, impactando muitas pessoas positivamente.

Além do mais, toda a experiência em gerir a empresa chamada "lar" reverbera e auxilia, fundamentalmente, nos demais empreendimentos construídos por mim e por meu esposo. E o melhor de tudo, toda essa desenvoltura eu vivi dentro do meu lar, perto dos meus filhos, formando-os, participando não só da construção do imaginário deles, mas também – e ativamente – do forjamento da personalidade deles.

As circunstâncias de dor e de sofrimento me levaram à oportunidade de aprender na faculdade chamada lar a desenvolver método, técnicas e ferramentas para conciliar, com harmonia e leveza, as missões para as quais sou chamada como mulher: ser mãe, esposa, dona do meu lar, empreendedora, estando ativamente presente em cada uma dessas missões, com equilíbrio.

Todo esse caminho de sofrimento, de descoberta, de superação e de transformação que me foi oportunizado trouxe também um sentimento de profunda gratidão, primeiro a Deus e em seguida ao grande modelo de mulher ao qual me inspirei nesse caminho, que é o da Virgem Maria, mãe de Deus. Também cresceu em meu coração um espírito de generosidade, que despertou o desejo de que o caminho que descobri para ser uma mulher de sucesso e feliz chegasse a mais mulheres, alcançando às mulheres de todo o Brasil e então do mundo, pois seria injusto e egoísta de minha parte não compartilhar esse conhecimento.

Foi nesse pensamento e nessa vontade que criei o método mulher virtuosa, forte e empreendedora. Trata-se de um método no qual trabalho com as mulheres o ordenamento de todas as áreas da vida, permitindo-as alcançar o equilíbrio e o sucesso em todas as dimensões do ser mulher, de modo a torná-las donas de si, do seu lar e dos seus negócios por meio do caminho das virtudes, sobretudo da virtude da fortaleza. E entendo que a base fundamental para que esse processo dê certo é a construção da mentalidade de que o lar é o grande empreendimento da mulher, aí está a fonte do sucesso! Espero que você, mulher, alcance esse sucesso tão almejado que está na descoberta da verdadeira missão de ser mulher.

Referências:

AGOSTINHO, Santo. *Confissões*. 7 ed. São Paulo: Paulus, 2016.

AGOSTINHO, Santo. *O livre arbítrio*.10. ed. São Paulo: Paulus, 2019.

BEATTIE, Melody. *Codependência nunca mais*: pare de controlar os outros e cuide de você mesmo. 32. ed. Rio de Janeiro: BestSeller, 2022.

"Seja dona de si, do seu lar e dos seus negócios."

Regiane Ely

Sandra Magalhães

Olá! Sou Sandra Magalhães, natural do Rio de Janeiro, casada com o Guilherme; juntos somos pais da nossa querida filha Manuela, de 16 anos.

Tenho 59 anos, formada em Educação Física pela UERJ, pós-graduada em Marketing com extensão em Gestão de Empresas, na George Washington University (EUA). Sou corretora de imóveis, psicanalista e terapeuta multidimensional.

Ex-atleta da seleção brasileira de ginástica por 15 anos, campeã carioca de taekwondo e atleta de vôlei *master* no Fluminense.

Minha missão de vida é contar um pouco da minha experiência totalmente "fora da caixa", sem amarras ou crenças limitantes, exercendo minha liberdade, que é o meu maior valor.

espacoterapeuticoholos

www.espacoterapeuticoholos.com

+55 (21) 97813-9008

espacoterapeuticoholos@gmail.com

Sandra Magalhaes

Espaço Terapêutico Holos

28 DESCONSTRUINDO PARA CONSTRUIR

Por Sandra Magalhães

Quando assisto o filme da minha vida, é isso que vejo: uma grande construção, mas também muito entulho. E quando falo de entulho, não falo de coisas ruins. Entenda entulho como tudo aquilo do qual já extraímos toda sua serventia e aprendizado e que, de alguma forma, não nos serve mais e, por isso, deixamos de lado.

Meu eu inconsciente

Aos 10 anos, minha mãe decidiu me colocar na aula de natação, pois meu irmão tinha bronquite. O que para ela fazia total sentido, dentro de mim eu sentia que aquele não era o meu lugar. Ainda assim, me dediquei tanto que fui convidada para a equipe de natação do clube. Ao mesmo tempo, certa de que queria mudar, saí em busca de algo que preenchesse o meu querer. Corria pelo clube, buscando outras opções, até que encontrei a ginástica rítmica. Negociei com minha mãe e a convenci de me mudar de esporte. Foi o início de uma história de quinze anos, dos quais onze anos integrei a seleção brasileira, representando nosso país em diversos campeonatos pelo mundo à fora. Foram muitos títulos, sendo o mais importante o brevê da Federação Internacional de Ginástica, que me qualificava como atleta de nível internacional.

Aos 13 anos, um flash: me lembro de passar no Jardim Botânico, em frente aos estúdios da Globo, e de um forte sentimento de que um dia estaria naquele lugar. Essa informação ficou registrada dentro de mim de forma bem despretensiosa, por anos. Eu percebia claramente que quando precisava tomar decisões, as respostas chegavam na minha mente, eu aceitava, acreditava e seguia.

Aos 17 anos, entrei para a faculdade de Educação Física. Eu não conhecia outra possibilidade senão essa. Àquela altura, estava no auge da minha carreira de atleta.

Aos 21 anos, ainda treinava e comecei a trabalhar formalmente. Já estava formada e cheia de sonhos. Tinha uma visão vasta do mundo, adquirida nas minhas viagens internacionais feitas com o esporte. Sentia no meu peito uma grande vontade de expandir e de aprender cada vez mais coisas. Era como se o que estava do lado de fora fosse tão grande, e eu ansiando fazer parte de toda essa vastidão.

Meu projeto inicial era o esporte de alto rendimento, no qual eu me sentia segura pela minha própria história de vida, mas, mais uma vez, escutei o meu sentir e comecei a questionar o que parecia ser tão lógico e claro. Trabalhar com esporte de alto rendimento implicava em ter que me ajustar ao meio e, infelizmente, estando dentro dele, conheci um lado que eu preferia não ter conhecido. Nós, atletas, treinamos, sentimos dores, cansaço, abdicamos da nossa vida na juventude, acreditando no sistema que gerencia o esporte de alto rendimento. Acontece que somos muito novos para entendermos a dinâmica dos dirigentes esportivos no país, que, como seres humanos que são, envolvem política e interesses pessoais, derrubando sonhos sem a menor cerimônia. Enfrentei essa sombra dentro de mim e escolhi não fazer parte disso.

Como as possibilidades na vida são infinitas, decidi partir para o mundo corporativo, o mundo dos "gigantes" e "poderosos", um mundo onde o bonito é matar um leão a cada dia, o mundo capitalista. Deixei de lado toda uma história de atleta, virei meu lema e busquei algo que fizesse mais sentido para mim, indo na contramão da chamada segurança. Não podia parar, a vida sussurrava em meus ouvidos novas possibilidades e eu seguia, sentindo, aceitando e acreditando. Coloquei na minha bagagem tudo que o esporte me deu e simplesmente segui.

Comecei empreendendo num mercado, num armarinho, trabalhei no varejo como diretora de compras, segui para uma estatal chinesa no ramo de importação e exportação de minerais, conheci o Eike Batista e fui trabalhar como gerente administrativa e financeira na EBX. Tive minha própria empresa de marketing direto e minha própria imobiliária, até chegar na Rede Globo, onde assumi um cargo executivo por treze anos, na área de operação digital, de todo o Grupo Globo.

Lembram quando, aos 13 anos, passei em frente aos estúdios e senti que ainda trabalharia ali? Deixe-me contar como isso tudo aconteceu. Trabalhava há um mês na Ability, quando fui alocada para uma feira em São Paulo. Chegando lá, visitei o estande da globo.com, me aproximei e o então diretor da área comercial veio conversar comigo. Trocamos cartões e segui minha viagem. Na semana seguinte, chega na Ability um arranjo de flores enorme, com um cartão que dizia: "Sandra, essas flores são para que você entregue à presidente da Ability como pedido de desculpas. Bem-vinda ao nosso time!". E, assim, foi materializado mais um sentimento de quando tinha 13 anos.

Ainda não tinha consciência de como as coisas aconteciam, o sentimento na época era de que eu tinha sorte, hoje sei que esse não é o nome correto. Não me sentia perdida ou pulando de galho em galho. Não! Em cada uma dessas experiências, eu ia a fundo, buscava aprender o máximo, estudava, entendia a indústria, o meio, as pessoas, e isso tudo foi agregando mais e mais conhecimento. Outro ponto fundamental é que eu fui muito feliz em cada lugar que ocupei.

Como tudo na vida, a Globo também teve seu fim, e talvez esse tenha sido meu maior pesadelo. Estava anestesiada na ideia de que ali eu me aposentaria e nunca imaginei que esse dia pudesse chegar. Mas chegou. Me permiti ficar na zona de conforto por alguns anos, e por isso me ressenti tanto. Criei raízes, acreditei na estabilidade.

É incrível que quando não estamos sentados no leme da vida, a onda, ao passar, nos deixa um tempo submersos, mas eu precisava de ar para viver, então precisava voltar à tona. Respirei, vi o quanto o mundo tinha avançado no digital, e que ali tinha uma enorme possibilidade. Não demorou e assumi novos cargos em grandes empresas, liderando várias contas globais. Voltei a me acostumar com a mudança e com a incerteza, de forma fluida e pacífica.

Meu eu consciente

Tudo começou quando resolvi, com meu marido, fazer o Caminho de Santiago de bicicleta. Para quem não conhece, o Caminho de Santiago sai da França e segue até a Espanha, em Santiago de Compostela, num total de 819 km. O que para meu marido era mais tranquilo, já que ele é ciclista, para mim era um grande desafio. Não só pela distância a ser percorrida em dezessete dias, como também por toda a logística do caminho, como dormir em igrejas, viajar com duas mudas de roupa, sair do país com uma bicicleta e um alforje, que tem o peso que eu estiver disposta a carregar por esses dias. Desconstrução total do meu modelo de viagens, até então.

Todo lo que tienes ya sea temido o deseado

("Tudo o que você tem, ou você desejou ou você temeu.")

Um dia, no meio do Caminho, me deparei com essa frase, que me chamava como se quisesse me dizer alguma coisa. Era como se eu a ouvisse, mas não a entendia. Resolvi fotografá-la.

A viagem foi ao mesmo tempo perfeita e muito desafiadora, perdi minha sogra durante a viagem. Eu e meu marido estávamos a 100 km do trem mais próximo, o que nos impedia de voltar ao Brasil para o enterro. Resolvemos seguir. Era a única opção e aceitamos. De volta ao Brasil, uma única certeza, a de que uma nova chave precisava ser virada, e, dessa vez, seria algo muito maior. Eu precisava sair e fazer algo muito diferente. E saí... sem rumo, mais uma vez.

Pensamentos e mais pensamentos, um novo sentir no meu peito que, pela sua natureza, me causava dúvida e estranheza. Fui tentada, testada, seja lá o nome que queiramos dar a isso tudo, mas sabia que estava sendo chamada para algo muito distante do que tinha vivido até então. Lembro-me de que percebia a dor das pessoas, enxergava um mundo adoecido, e, principalmente, dos jovens. Comecei me formando em Terapia Quantiônica, depois Psicanálise, sistema de cura multidimensional Arcturiana, tendo lido mais de cem livros de física quântica, geometria sagrada e tudo que pudesse me levar aos novos conhecimentos. Fiz o caminho das palestras do Prof. Helio Couto e estou na quinta ressonância harmônica.

Talvez essa tenha sido minha maior desconstrução, em que mais uma vez escolhi escutar meu interior indo na contramão do que as pessoas julgam ser o normal. É como se minha alma tivesse tido uma séria conversa com meu ego. Nessa época, acumulava a função de CEO de uma empresa e já atendia como terapeuta nas horas vagas. Percebo que todo o ensaio da minha vida vinha me preparando para chegar aqui. Esse lugar de descoberta tão disruptiva – a de que criamos o que sentimos e intencionamos, de que a frase que li durante o Caminho era o resumo mais profundo de todos os livros lidos e toda uma história de vida. "Tudo que eu tenho, ou foi porque eu temi, ou porque eu desejei".

Inconscientemente, e agora conscientemente, eu sempre senti e sempre segui esse sentimento e por isso fui materializando todos os meus desejos. O desejo de mudar, de trabalhar na Globo, de viajar, de ser mãe de menina, de um casamento feliz, de explorar. O sentir é a máquina realizadora da nossa vida. Nós não somos, nós estamos, e se eu posso escolher onde quero estar, eu preciso vigiar meus sentimentos e intenções. Hoje, estou 100% psicanalista, terapeuta energética multidimensional, juntei todos os meus aprendizados e todos eles, sem exceção, utilizo em minhas sessões terapêuticas.

Minha missão é estar onde a dor está, sem medo ou pena, levando luz e compreensão. Aprendi, nesse processo, que o fato de ficarmos presos a profissões, empregos estáveis e relacionamentos falidos é o medo que temos do fim, é o medo de perder, é o medo da morte, é querer controlar para não sair do controle. Soltamos, quando conhecemos profundamente a completude do ser humano e seu real lugar nesse vasto universo de infinitas possibilidades.

Enquanto o parque de diversões estiver aberto para mim, estarei aqui, experimentando tudo que essa vida tem para me oferecer, aceitando, sendo grata, dividindo com o próximo, e abandonando o que já aprendi, para buscar novos conhecimentos, sempre.

"Os muros que você constrói ao seu redor para se proteger são os mesmos que o mantêm isolado no mundo." Sri Prem Baba

"O sentir é a máquina realizadora da nossa vida e se eu posso escolher onde quero estar, preciso vigiar meus sentimentos e intenções."

Sandra Magalhães

Selma El Kadre

Olá! Sou Selma El Kadre, mãe do Leonardo e mulher do Alexandre. Sou mestre em Engenharia pela HfT Stuttgart e criadora do Método Mental.X – Mentalidade de Excelência. Atuo como gerente de projetos internacionais, sou mentora, palestrante e treinadora.

Meu propósito é espalhar todo o ouro que garimpei durante minha vida e carreira de mais de vinte anos de experiência no mercado corporativo, catorze deles na Alemanha, como gerente de uma gigante alemã, implementando sistemas em vários países do mundo.

Minha história é marcada por superação e muito trabalho. Aprendi que precisamos nos manter em movimento para que a vida nos mostre a direção. Quero encorajar outros a saírem do ritmo hipnótico e assumirem o controle de suas vidas.

selmaelkadre

29 DESAFIOS E AVENTURAS DE VIVER FORA DO BRASIL

Por Selma El Kadre

O ano era 2007 e nós éramos um casal de engenheiros, com uma vida relativamente estável, após muita persistência e superação durante a faculdade para conseguir nosso espaço no mercado. Morávamos em São Paulo e eu era a terceira na hierarquia de uma grande empresa de telecomunicações.

Numa tarde aparentemente normal, meu marido, Alexandre, chegou em casa contando que havia recebido uma proposta para ficar um ano na Alemanha e assumir um projeto mundial. A oportunidade era incrível, não me via no direito de recusar e, mais do que isso, decidi acompanhá-lo. Eu tinha esperança de trabalhar lá também, em razão da minha experiência de mais 10 anos e do meu currículo sempre muito elogiado por aqui. Além disso, minha especialidade era um *software* alemão.

Pedi demissão e, alguns meses depois, embarcamos para o velho mundo. Na segunda semana, eu já iniciava o curso de alemão, não podia perder tempo, um ano passa rápido. Enviava currículo, mas me surpreendia, pois não recebia nem resposta. Minha vida agora era cuidar da minha casa e do meu marido. Meu celular, antes muito barulhento, agora era mudo na maior parte do tempo.

Encantava-nos viver naquele país organizado, a cultura da lógica, a beleza e limpeza dos lugares, tudo muito interessante, mas meu trabalho me fazia muita falta. Eu sentia na pele a dor de ser uma estrangeira ignorada pelo mercado de trabalho alemão.

Quando o contrato do Alexandre foi prorrogado, decidi dar um basta naquela situação, analisei minha carreira no Brasil e percebi que o estágio havia sido o primeiro passo daquela caminhada. Entrei então em um mestrado, por meio do qual eu poderia pleitear uma vaga de estágio. Sim, com mais de 10 anos de experiência, retrocederia à estagiária. Claro que fui muito criticada, mas tinha certeza de que só precisava de uma oportunidade. Segui em frente e consegui uma vaga de estágio em uma grande empresa, e foi então que percebi que uma importante habilidade de um líder é saber ouvir. Eu me controlava para não opinar nas reuniões, afinal, eu era estagiária e, com isso, ouvia mais e tinha *insights* valiosos.

Meu superior revelou que meu currículo estava completamente fora dos padrões alemães, sem foto, histórico escolar e relatório de performance de cada empresa listada. Naquele momento, ficou clara a razão pela qual as empresas ignoravam minhas aplicações.

Ainda no estágio, veio a descoberta da gravidez, a melhor notícia de nossas vidas. Na mesma época, Alexandre recebeu a proposta para ficar na Alemanha definitivamente. Eu tinha confiança no meu plano e ficamos animados com a ideia do nosso filho crescer no primeiro mundo. Logo chegou o dia mais feliz de nossas vidas, o nascimento do Leonardo, nosso melhor presente. Com estágio finalizado e um mestrado de três anos, concluído em um ano e meio, escrevia minha tese e cuidava do meu filho. Assim que meu bebê dormia, enviava currículos, dessa vez nos padrões alemães e por meio de sites oficiais e renomados, os quais tinha tido acesso no mestrado. Informações preciosas que não se encontram no Google.

Recebi vários convites para entrevistas, sendo aprovada em todas, e fiquei muito grata a Deus quando entrei como engenheira em uma das maiores empresas do mundo. Mas ainda estava longe do meu lugar, afinal, no Brasil, eu era líder – e queria minha vida de volta. Foi preciso quase um ano para viabilizar meu visto de trabalho e, enquanto isso, o Leo ia crescendo.

Chegou então a hora de trabalhar, mas me sentia dividida, embora soubesse que estava fazendo isso por ele também. Ponderava que, na escolinha, ele aprenderia alemão e inglês, o que não aconteceria se ficasse comigo o dia todo. Três meses depois de iniciar, eu já assumia a coordenação do projeto do Brasil e, em seguida, de muitos outros países. Frequentava novamente salas de reunião enormes, cheias de gente competente e ia sendo promovida todo ano, até que fui nomeada para fazer a tão temida avaliação, necessária para assumir oficialmente o cargo de gerente. Resolvi encarar o desafio, estudei liderança, inteligência emocional, comunicação e outros temas do desenvolvimento humano. Percebi que muito do que aprendia, já praticava intuitivamente. Muitos tentaram me desanimar e eu sabia que era mesmo difícil, por isso me dediquei ainda mais. Passei por unanimidade naquela prova, com 9 diretores alemães, e assumi projetos como gerente oficial. Minha liderança era elogiada e minha equipe internacional atingia resultados incríveis.

Meu diretor dizia que eu estava em um dos maiores projetos do mundo e que era necessária para o time. Eu agradecia muito e sempre deixava claro que minha prioridade era meu filho. Nunca negociei meus princípios e isso sempre me trouxe paz. Consegui o *home office* quando ninguém ainda falava sobre isso, assim ficava mais tempo com meu filho e compensava o trabalho depois que ele dormia.

Quando me perguntam como consegui meu espaço numa cultura tão diferente, digo que o trabalho com foco em solução e resultado e o respeito pelas pessoas são a chave para ser bem-sucedido em qualquer lugar do mundo. O ser humano, de qualquer nacionalidade, quer ser ouvido e levado a sério.

Quando o Leo completou 6 anos, nos mudamos para a casa que havíamos construído. Amávamos morar lá. Não era grande, mas muito bem planejada, o que me custou algumas noites de sono. Tínhamos amigos, igreja, torneio de futebol do Leo todo sábado. Ele participava de tudo e praticava muitos esportes. A campainha não parava, com os vizinhos o convidando para brincar. Quando me dei conta, estava no trabalho dos meus sonhos, meu filho crescia feliz e meu marido estava realizado em uma das maiores e mais importantes engenharias do mundo.

Se eu fosse listar as características para levar na bagagem para morar em outro país, eu diria que é preciso ter, acima de tudo, coragem. Coragem para ser diferente e não se sentir inferior por isso; para falar um idioma sabendo que está cometendo erros gramaticais e ainda assim persistir; para assumir que não sabe como vestir seu pequeno homem de 3 anos que vai passar o dia no parque, levado pela escolinha, com uma temperatura de 2 graus negativos (aconselho encontrar uma outra mãe simpática para tirar suas dúvidas, não apenas sobre isso); coragem para encarar a professora do seu filho e revelar que as provas surpresa nos anos iniciais causam mais ansiedade nas crianças do que se houvesse datas definidas; coragem também para deixar seu filho treinar futebol mesmo com o termômetro marcando 5 graus negativos.

Mencionaria também a persistência. Lembro-me, como se fosse hoje, do dia que saí do ministério do trabalho, sentei-me na estação de trem e chorei de cansaço e de indignação. Já era minha quarta vez ali e haveria muitas outras. Lembraria também do respeito pelo jeito diferente de fazer as coisas e pelo zelo com o seu próprio povo, o que dificulta o processo de visto de trabalho para estrangeiros. Nessa lista, não poderia faltar a humildade para recomeçar do zero, se necessário.

Abraçar o novo e procurar beleza e aprendizado nas situações desconhecidas é a única forma de se manter motivado. Com muitos altos e baixos, um *burnout* e outras histórias de superação que ficam para outro livro, estávamos felizes, até que veio a pandemia. A Alemanha nos fechou em casa e esportes estavam proibidos. Escola e trabalho só *online*. Sobrava tempo para analisarmos nossas decisões. Minha mãe e minha sogra estavam doentes, fomos visitá-las no Brasil e sentimos muito mais liberdade. Quando retornamos, o Leonardo, com 11 anos, entrou no banho e chorou dizendo que não era justo ver sua família apenas uma vez por ano. Aquele choro entrou na nossa alma.

A empresa estava com um programa de demissão voluntária e decidimos que era hora de voltar. Claro que não foi fácil pedir demissão, amava meu trabalho, as pessoas e os projetos, mas escolhi me concentrar no fato de que as duas avós do meu filho estavam com os dias contados. Os alemães dão muito valor à família e, mesmo assim, tentaram nos convencer a ficar. Os professores e treinadores do Leo enviavam *e-mails* pedindo para reconsiderar, tanta preocupação com o futuro dele nos comovia.

Recebemos pouco apoio, mas era mesmo difícil compreender, havíamos chegado mais longe que muitos alemães, ninguém deixaria aquela vida para trás. Alguns até mencionavam que a empresa trocava meu carro de seis em seis meses e perguntavam qual carro eu dirigiria no Brasil. Foi surpreendente perceber como meu meio de locomoção era tão importante para alguns.

Para nós, era claro que havíamos rompido barreiras, superado dificuldades e realizado nossos sonhos. Nosso aprendizado como profissionais e como seres humanos era tão grande, que chegava a hora de voltar e levar outros a se superarem também. Decisão que exigiu coragem e fé. O mais especial era que fomos dois e voltávamos três.

Na rescisão contratual havia uma cláusula de não trabalhar por dois anos para nenhuma empresa do grupo, sob pena de devolver o valor da indenização. Retornamos ao Brasil e um ano depois, pasmem, uma das maiores automobilísticas do planeta abriu mão daquela cláusula e voltei a trabalhar com a Alemanha, novamente com equipes espalhadas pelo mundo, fazendo o que amo, direto do interior de São Paulo. Graças a Deus! Além disso, ajudo meu país com palestras, mentorias e treinamentos. Trouxe na bagagem um método exclusivo, desenvolvido por mim e patenteado, para ajudar as pessoas na vida e na carreira.

Meu filho se adaptou rápido, fez muitos amigos, continua praticando esporte e está se tornando um homem sábio e maravilhoso. Meu marido deu asas ao seu lado empreendedor. Estamos bem, vivendo nosso propósito. Uma vez por ano vamos a Stuttgart matar a saudade.

Depois de um tempo fora, uma parte de nós fica sempre incompleta, mas, com certeza, vale a pena. Tanto para ir, quanto para permanecer ou voltar, o importante é manter-se fiel a si mesmo e ouvir o coração. Lembrando que não adianta ter vontade, se não tiver coragem.

Espero você no meu Instagram @selmaelkadre, no qual compartilho tudo que aprendi e continuo aprendendo na jornada da vida. Nos vemos lá!

"Não adianta ter vontade, se não tiver coragem."

Selma El Kadre

Soraia Pimentel

Sou Soraia Pimentel, natural de Belo Horizonte (MG), onde também resido. Sou casada com Glauco Marchezini Gonçalves há dez anos. Sou empresária, gestora e empreendedora há mais de trinta anos, graduada em Administração de Empresas e pós-graduada em Gestão Estratégica de Negócios. Sou fluente em inglês, analista de perfil comportamental e uma das minhas principais habilidades é me conectar com pessoas. Também sou determinada, persistente e ousada.

Hoje, sou executiva comercial da empresa Behive Global, do grupo XP Investimentos e Beyoung em São Paulo (SP), onde transformo vidas por meio da saúde, bem-estar e longevidade, levando autoestima para as pessoas. Sou também gestora de uma empresa familiar de automóveis seminovos em Belo Horizonte há mais de trinta anos.

soraiarpimentel

+55 (31)99765-5265

sosopimentel@yahoo.com.br

Determinadas a brilhar

MULHERES QUE INSPIRAM E TRANSFORMAM

30 AUTOACEITAÇÃO E AMOR-PRÓPRIO, UMA JORNADA PARA SE AMAR

Por Soraia Pimentel

Olá! Meu nome é Soraia Pimentel, sou natural de Belo Horizonte (MG) e filha de José Altair Pimentel, um pai extremamente rigoroso, e de uma mãe submissa, Dora Rodrigues Ferreira Pimentel. Tenho três irmãos: Leandro (*in memoriam*), Lucas e Bruno. Vou compartilhar a minha jornada para que você saiba como eu superei a depressão, a ansiedade e a falta de confiança e como desenvolvi o amor-próprio e comecei a me valorizar durante todo o meu processo.

Durante muito tempo, lutei contra mim mesma, pois não sabia o meu verdadeiro valor perante as pessoas. Com uma falta de amor-próprio, pois não sabia quem eu era e, por consequência, isso afetou todas as áreas da minha vida, principalmente a minha saúde mental e emocional.

Aos 15 anos, fui diagnosticada com depressão gravíssima e precisei me afastar de todas as minhas atividades, inclusive escolares. Tive que ficar um ano sem estudar e me afastar, literalmente, de tudo. Fazia acompanhamento psiquiátrico e psicológico, devido ao excesso de cobrança dos meus pais e de mim mesma.

Sou a filha mais velha e fui muito criticada, tinha que ser a filha perfeita, ou seja, aquela que não podia cometer erros. Com isso, me tornei uma pessoa extremamente perfeccionista e exigente comigo mesma.

Na minha infância, presenciei várias brigas dos meus pais e sofria calada por ver minha mãe sofrer. Sempre fui uma criança calada e retraída, embora aparentasse ser superfeliz e ter muitas amizades, mas, no fundo, tinha aquela tristeza e solidão. Mesmo cercada de muitos amigos, me sentia sozinha, por mais que meus pais me dessem tudo e faziam de tudo para que eu fosse feliz. No fundo, eu tinha aquele sentimento de tristeza, inferioridade e solidão. Eu achava que eu não era boa o suficiente e que as pessoas não gostavam de mim e por isso eu me afastava.

Desde criança, eu aprendi a me submeter aos altos padrões estabelecidos pelo meu pai que, por sinal, era muito rigoroso no seu posicionamento. A pressão era constante, pois era inadmissível uma nota abaixo de dez nas provas. Além disso, para evitar conflitos dentro de casa, eu aprendi a me calar, me silenciar diante das expectativas intangíveis do meu pai sobre mim. Sei que não era sua intenção me prejudicar, mas o fato é que as suas constantes críticas e explosões passionais me feriam profundamente o meu ser, e isso afetou a construção do meu senso de valor neste mundo.

Eu me tornei uma pessoa fazedora, porque, de certa forma, o meu valor foi constituído através dos meus resultados e não em quem eu era como ser humano. Quando olho para trás e vejo a pessoa que fui um dia, por tantas coisas que vivenciei durante a minha vida, mal consigo me reconhecer, fui transformada no meu desenvolvimento pessoal. Eu era perdida em um mar de inseguranças, afogada em pensamentos negativos, sem perspectiva de futuro e aprisionada pela falta de amor-próprio.

A baixa autoestima era como uma sombra que me seguia em todos os momentos, minando minha confiança e me impedindo de enxergar a minha verdadeira identidade que, por muitas vezes, neguei.

Com o passar dos anos, veio a depressão e ela era como um peso insuportável sobre os meus ombros, me arrastando para um abismo de desespero, desesperança e sem nenhuma perspectiva de vida. Cada dia era uma batalha árdua, uma luta constante contra os meus próprios demônios internos. Parecia que eu nunca conseguiria sair daquele ciclo vicioso de trabalhar compulsivamente, até que, por recomendação médica, eu fui afastada do trabalho e meu mundo caiu, pois eu não aceitava que teria de parar de trabalhar. Eu achava que era autossuficiente demais e não precisava de ajuda de ninguém, tinha de dar conta de todas as empresas da família, afinal, eu tinha que ser perfeita. Com isso, eu carregava o mundo nas costas, afinal meu valor, desde criança, estava no que eu fazia.

Como eu não sabia o meu valor, sempre agradava as pessoas buscando aceitação e esquecendo de mim. Eu fui ao fundo do poço, mas algo dentro de mim ansiava por mudanças em todos os sentidos e, mesmo sem ter muita consciência desse movimento interno, eu seguia fazendo terapia e sendo medicada.

Um pequeno raio de luz penetrou a escuridão que me envolvia e eu decidi agarrá-lo com todas as minhas forças. Neste momento da minha vida, eu percebi que eu era a única responsável por me amar, valorizar e respeitar. Eu só ainda não sabia como isso iria acontecer, mas tinha consciência que iria precisar de ajuda, pois sozinha não conseguiria.

Eu tomei a decisão de entrar no processo de autoconhecimento, durante três anos, através de livros, vídeos, cursos e imersões para curar todas as minhas feridas e rejeições que não eram poucas, e que me aprisionavam e não me deixavam ser feliz, livre e leve. Elas me impediam de viver o que realmente nasci para viver e de acreditar que é possível mudar, apesar das circunstâncias e do ambiente em que eu vivi. Eu tinha certeza de que seria um processo longo e, ao mesmo tempo, um processo interno de cura comigo mesma e que eu iria enfrentar muitos desafios e obstáculos.

Nessa jornada, descobri que eu tinha a chance de ser feliz, aceita e realizada. Que era possível ter liberdade para realizar meus projetos, que por muitos anos eu achava que não era possível acontecer, pois não acreditava em mim. Vivi mais de quarenta anos em uma zona de conforto, sem possibilidade de crescimento, e não sabia o que era sonhar, pois sempre trabalhei em uma empresa familiar com meus pais e irmãos onde nunca fui reconhecida, somente criticada. Sempre escutei que não fazia mais do que a minha obrigação. Trabalhei por muitos anos em uma prisão onde não era feliz e não tinha liberdade de escolha e expressão, isso me causava uma verdadeira angústia e impotência, não via saída para a minha vida.

Foi um processo lento, longo e doloroso, mas aos poucos fui me reconstruindo, tijolo por tijolo, até que, finalmente, me vi emergindo das cinzas, como uma fênix ressurgindo das chamas. Hoje, olho para o espelho e vejo uma pessoa forte, determinada e capaz. A autoconfiança que um dia parecia um sonho distante se tornou a minha realidade. Aprendi a me amar, a valorizar cada pedacinho de quem eu sou, com todas as minhas imperfeições e cicatrizes.

Descobri que a força que eu tanto buscava sempre esteve dentro de mim, só não sabia como acessar essa minha versão. Nunca acreditei em mim mesma e não sabia meu verdadeiro valor, pois, ao longo da vida, recebi muitas críticas.

Empreender nos negócios e ensinar outras mulheres a se amarem, valorizarem, respeitarem suas limitações, a terem liberdade financeira para realizar seus sonhos e projetos, saúde física e mental e poder contribuir na vida de cada mulher é uma das minhas maiores paixões. Hoje não é mais um sonho inalcançável, mas um desafio que estou disposta a enfrentar de cabeça erguida para atingir meus objetivos.

Mas essa jornada de superação foi longa e cheia de obstáculos, mas cada passo que dei valeu a pena, e como foi gratificante celebrar cada conquista. Aprendi estabelecer limites em meus relacionamentos e em todas as áreas da minha vida, pois um dos meus maiores desafios era dizer não e me posicionar diante das pessoas. Poder decidir sobre tudo o que diz respeito a minha vida e não os outros, pois agora eu sei o meu valor e não aceito menos do que mereço das pessoas ao meu redor.

Finalmente, entendi que a verdadeira transformação começa de dentro para fora e que o amor-próprio é a chave para uma vida plena e realizada. Quando eu mudei internamente, o mundo ao meu redor se transformou, em todos os sentidos. Hoje, sou a prova viva que é possível renascer das cinzas e se tornar a melhor versão de si mesmo. Para isso, precisei viver uma jornada de aprender a me amar, respeitar e aceitar minhas imperfeições e minha vulnerabilidade. Descobri a minha verdadeira identidade, que não foi uma tarefa fácil, foi aos poucos comecei a reconhecer minha própria beleza. Fui percebendo que meu valor não estava ligado ao que eu faço e nem à opinião dos outros, mas sim à minha essência divina.

A jornada de superação me ensinou a valorizar minhas qualidades e acolher minhas imperfeições. Hoje, posso dizer com confiança que me amo e me respeito exatamente como eu sou. Agora, sigo mais confiante, feliz e em paz comigo mesma. E isso é uma vitória que ninguém pode tirar de mim.

Um dos meus maiores aprendizados foi me conectar comigo mesma para descobrir o meu verdadeiro valor e tirar de mim a minha melhor versão, e, com isso, contribuir com a vida do outro. Não foi um processo fácil, mas você tem que estar disposto a viver a jornada para curar suas dores internas e aceitar sua verdadeira essência, para alcançar grandes voos em sua vida pessoal e profissional.

Se eu pudesse dar um conselho para você, diria: se ame em primeiro lugar e depois os outros, aceitando suas imperfeições e curando suas dores, vivendo a sua real identidade e tirando o melhor de si para viver o seu propósito.

"O seu valor está dentro de você. Basta acreditar para realizar seus sonhos!"

Soraia Pimentel

Tarsia Gonzalez

Sou Tarsia Gonzalez, natural de Belo Horizonte (MG), mãe de um casal de filhos que são meu orgulho e uma apaixonada pelo ser humano. Sou escritora, palestrante e mentora de líderes, além de membro do Conselho de Acionistas da Transpes S/A e do Conselho Consultivo das primeiras PPP's de infraestrutura social do Brasil, Inova BH e Saúde BH.

Como psicóloga de formação e pós-graduanda em Terapia Cognitiva Comportamental, acredito no poder transformador das pessoas e de seus propósitos. Por isso, busco inspirar e guiar mulheres em suas trajetórias, para que alcancem o sucesso profissional sem se distanciarem da sua essência e da sua alma feminina.

tarsiagonzalez

Tarsia Gonzalez

www.tarsiagonzalez.com.br

Determinadas a brilhar

MULHERES QUE INSPIRAM E TRANSFORMAM

31 VANGUARDA FEMININA NOS NEGÓCIOS

Por Tarsia Gonzalez

Ser mulher e atuar no mercado corporativo não é tarefa fácil. Mas, ao longo da história, mulheres de vanguarda foram atrás do seu sucesso, tornando-se exemplos para todas nós e mostrando que, apesar das dificuldades, é possível sermos donas da nossa própria carreira, protagonistas da nossa narrativa e detentoras do mais alto grau de liderança que pode existir.

Eu aprendi isso desde muito cedo, nos exemplos que tive em casa, afinal, a mulher começa a praticar a liderança desde o momento em que faz suas próprias escolhas. Independentemente da nossa história, todas nós já nascemos determinadas a desempenhar esse papel, seja como mãe, esposa, seja como empresária.

Todas as mulheres têm, dentro de si, uma liderança nata e, durante a vida, vai desempenhar esse papel de diferentes formas. Eu, por exemplo, sempre tive uma alma com tendência ao novo e ao que é disruptivo. Cada uma de nós vai usar suas características para modelar essa liderança e, na minha visão, é a nossa singularidade que nos torna especiais.

Não podemos exigir que todas sejamos disruptivas, cada mulher tem que se reconhecer por meio de sua verdade para entender qual é o seu papel no mundo. Tive o exemplo de duas mulheres fortes na minha família, minha avó e minha mãe, mulheres determinadas a brilhar, desbravadoras. E, assim, construí, também, a minha história.

Se herdei o talento empreendedor do meu pai, foi de minha mãe que ganhei o impulso para ser como sou. Ela sempre teve uma admiração muito grande pela minha avó, uma mulher de fibra, determinada, destemida e realizadora. À medida que fui crescendo, ela viu essas mesmas características em mim e, ao invés de bloquear meus instintos, ela os alimentou, me dando força e espaço.

É importante dizer que o autoconhecimento é primordial para nosso desenvolvimento, pois temos que reconhecer nossas fortalezas e nossas fragilidades para que sejamos nossas próprias incentivadoras. Nos milagres da vida, somos corpo, alma e espírito, e temos que saber usar as ferramentas necessárias para desenvolvermos nosso maior potencial.

Nascida em 1941, minha mãe foi a mais velha de 13 filhos. Uma mulher sempre corajosa e aberta às possibilidades que a vida lhe apresentava. Aos 17 anos, foi estudar em outra cidade e se formou em Nutrição e Administração Doméstica. Morou em internato, pago com bolsa de estudos, a vida não era fácil. Ela se casou com meu pai aos 23 anos, já morando em Belo Horizonte.

Durante um tempo do relacionamento entre os dois, minha mãe conta que pensava que ficaria só na amizade mesmo. E, talvez por isso, a união deles tenha sido tão forte. De fruto, três filhos e uma companhia que hoje é uma das maiores e mais bem conceituadas empresas de logística do Brasil, a Transpes, que só pôde existir porque minha mãe formalizou a empresa em seu nome, em 1966.

Meu pai, imigrante espanhol e sem documentos ou crédito no Brasil, sempre foi muito trabalhador, mas a formalização e solidez do negócio vieram da mulher de vanguarda que estava ao seu lado. Uma mulher inovadora, que vislumbrava o futuro, que não tinha medo do novo e que, por isso, ajudou a transformar e modernizar um dos mercados mais tradicionais e, portanto, mais conservadores do país, com um olhar desbravador. Assim como minha mãe, outras mulheres também tiveram e ainda têm esse olhar e é isso que amplia, dia a dia, a fatia feminina de líderes e CEOs brasileiras.

Eu trabalhei na Transpes dos 13 aos 17 anos e saí porque havia casado, e fui morar no Rio de Janeiro. Foi minha mãe que me chamou, três anos depois, para tomar posse do que era meu. Foi ela que me trouxe de volta para o mundo dos negócios. E me ajudou, no impulso firme e amoroso, a construir a minha trajetória.

Retornei à Transpes e reiniciei um caminho de aprendizado, autoliderança e desenvolvimento da gestão das minhas emoções. Era só o começo, eu certamente não estava pronta. Todas nós recebemos heranças, sejam elas quais forem, mas só estamos prontas para elas quando estamos maduras. Se a autoridade nos é entregue antes da hora, transforma-se em futilidade. Ao longo dos anos, não apenas fui amadurecendo a gestão da minha emoção, mas fui atuando, cometendo erros, acertos, até ser capaz de mostrar que estava à altura da responsabilidade que me fora entregue.

Foram o tempo, as experiências e a minha própria fé, em Deus e na capacidade que me foi dada por Ele, que me tornaram capaz de exercer a minha liderança. E foi dentro da companhia que tive meus maiores aprendizados, foi naquele universo tão masculino, entre carreteiros e mecânicos, que eu pude lapidar o talento para os negócios, o olhar para as pessoas e, principalmente, exercer o papel de líder, aceitando riscos, apostando no meu conhecimento e tendo a segurança de tomar as decisões que fossem mais estratégicas para os negócios.

A minha segurança diante das decisões a serem tomadas sempre foi pautada na busca pelo conhecimento e na confiança de que somos sempre guiadas pela nossa fé. Acredito que só conseguimos desenvolver nosso maior potencial quando temos a certeza de que há uma força maior nos amparando.

Todas nós precisamos de uma fonte de energia positiva para realizar nossos sonhos. Enfrentar desafios e meus dois filhos sempre foram a minha inspiração. Se me tornei uma mulher mais forte e melhor, foi por eles. Eu criei dois filhos sem pais presentes, sem me vitimizar, assumindo com autoridade as escolhas que fiz na minha vida.

Um dos maiores desafios da minha história como líder veio junto com o ambiente materno. Em um determinado momento, quando já atuava como presidente do conselho de administração, tive que fazer uma redução de custos que passava pelo encerramento das atividades do escritório de São Paulo, no qual meu filho atuava, ou seja, precisei demiti-lo.

O que poderia parecer ruim foi um primeiro passo para instigar nele a necessidade de novos caminhos e dessa forma aconteceu. Hoje, ele está à frente de dois projetos inéditos no Brasil, no formato de parcerias público-privada, nas áreas de educação e saúde. Como mãe e como líder, fiz o que era necessário, mas com a sabedoria desenvolvida ao longo dos anos, especialmente na gestão de pessoas.

Existe uma máxima que diz "decisões fáceis, vida difícil". Ou seja, algumas vezes, simplesmente não podemos evitar a tomada de decisões que vão mexer com as nossas estruturas. Se nos propomos a ser líderes, então essa se torna a tônica da nossa existência. Eu nunca tive medo de fazer o que acreditava que era certo. E o preço que paguei, muitas vezes, foi o do isolamento, já que nem sempre agia como esperado para uma mulher, filha, herdeira. Mas foi essa mesma característica que me permitiu dar passos largos e ser exemplo para outras mulheres.

Meu caminho de disruptividade

Depois de um módulo internacional do curso do ESADE, em parceria com a Fundação Dom Cabral, eu voltei determinada a mudar a trajetória da Transpes. Eu sabia que era imprescindível realizar uma ruptura para transformar a empresa em uma companhia, sair daquele modelo de empresa familiar, no qual as coisas eram discutidas de modo pouco profissional, e olhar para o futuro, entendendo o que eu queria para a marca a longo prazo. O que eu comecei a vislumbrar foi uma empresa séria, com estratégia, com processos definidos e na qual faltava um conselho de administração.

Minha decisão mais difícil como empresária foi em 2015, no auge da minha carreira na empresa familiar, quando me posicionei e pedi demissão do cargo de executiva. Tinha um excelente salário, mas estava consciente da necessidade de rupturas para transformar a Transpes em uma companhia profissionalizada. Eu abri mão do poder e vislumbrei o melhor para a empresa e não o mais confortável para mim.

Pedir demissão balançou muito a família, as minhas estruturas, foi um momento de quebra muito grande. Eu me senti como se estivesse vivendo um divórcio litigioso, porém com um propósito inabalável. Hoje, eu tenho certeza de que foi a minha melhor decisão. Ver a Transpes e o grupo de uma forma muito mais relevante no mercado, seguindo a boa governança é sensacional.

Não tenho arrependimentos. Boas ou ruins, as decisões foram transformadas em oportunidades. Tudo muda quando mudamos o nosso olhar para o mundo. Digo sempre que na história vivida extraímos nossas forças e lutamos de forma aguerrida. Então, prefiro falar sobre amadurecimento do que em perdas. Cada qual tem de buscar o seu equilíbrio em si próprio.

Entre algumas de nós, existe uma tendência de olhar para si como uma minoria. Sim, há menos CEOs mulheres, há menos empreendedoras mulheres, ganhamos, em média, salários menores, mas não podemos nos tratar e nos comportar como minoria. Dado o atraso histórico da entrada da mulher no mercado de trabalho, conquistamos muito. E nos desvincular desse olhar condescendente nos permite conquistar posições inimagináveis e inspirar, com isso, outras mulheres.

Mesmo que o mercado apresente um caminho a seguir, sempre podemos escolher diferente – e essa é uma habilidade que pode ser treinada. É preciso autoconhecimento, disciplina consistente e uma adaptação constante, já que uma líder precisa treinar seu *mindset* diariamente. No caminho da vida, podemos simplesmente aceitar os dias de forma rotineira ou, a cada amanhecer, buscar o novo. As dificuldades e as incertezas são as mesmas para homens e mulheres, não acredite que é mais difícil para você, desafie-se! Há espaço, sim, para sua atuação e se você quiser realmente quebrar paradigmas simplesmente seja você mesma, dando o seu melhor a cada dia. Sua marca precisa ser a sua singularidade.

O trabalho para a alta performance nunca terá fim. Em cada escolha, a cada nova possibilidade, o que temos à nossa frente é uma chance de buscarmos estratégias para construir o novo, o disruptivo, o inusitado, e mais: aquilo que ainda ninguém fez. Criar estratégias e ambientes favoráveis para viver experiências e colocar a sua marca, sua identidade no mundo vai ser sempre a sua melhor recompensa.

"Não tenho arrependimentos. Minhas decisões foram transformadas em oportunidades! Tudo muda quando mudamos o nosso olhar para o mundo."

Tarsia Gonzalez